UTOPIA?

Persistenze culturali ed economia

Angelo Cacciola Donati

Indice dei contenuti

Introduzione

Le scienze umane, inclusa l'economia, dovrebbero essere profondamente radicate nella realtà umana, che rappresenta il punto di partenza e di conclusione di ogni pensiero critico. Al contrario, la dottrina economica contemporanea spesso riduce l'essere umano a ruoli rigidi come produttore, consumatore, investitore, risparmiatore, tra gli altri, enfatizzando regole e strumenti lontani dalla dimensione umana.

La complessità vitale delle donne e degli uomini è immancabilmente trascurata. Non ci si domanda quali siano i loro desideri, aspirazioni o reali necessità. In tal modo che il mondo che condividiamo assume delle norme e delle regole di cui stentiamo a riconoscerne le origini e le motivazioni. L'umanità stessa, la sua felicità, viene relegata in secondo piano di fronte alle esigenze di crescita materiale e profitto. Eventi come la recente epidemia e i conflitti svelano chiaramente la logica del libero mercato, dove l'agenda è dettata dagli interessi delle multinazionali.

Credo che il momento sia propizio per un'analisi critica dei pilastri fondamentali della teoria del libero mercato. Attualmente, osserviamo un deterioramento su molteplici fronti. Un controllo e dominio sempre più pregnante dell'informazione impediscono la piena consapevolezza di una realtà iniqua e disumanizzante. Allo stesso tempo, l'urgenza di cambiamenti profondi si manifesta attraverso le guerre, l'escalation della povertà e le catastrofi provocate dai cambiamenti climatici. Tuttavia, resta un percorso lungo e complesso per plasmare una cultura economica che sfidi i dogmi del libero mercato. Sarà necessario iniziare dalle basi stesse del modello liberista, mettendo in luce le sue premesse ingannevoli e le distorsioni della realtà insite nell'ideologia sottostante.

Per evitare il rischio di astrazione e di speculazione teorica sterile, mi impegnerò a definire l'"essere umano" basandomi sul suo aspetto fenomenologico. In altre parole, esamineremo come donne e uomini si comportano nel mondo concreto, senza pregiudizi o presupposti. Per farlo, ci concentreremo sull'azione umana, intesa come nucleo fondamentale della nostra esistenza quotidiana, nella sua complessità e non riducibile a semplici atti economici.

Incominceremo esaminando il sistema d'azione di Talcott Parsons [1] che, dalla seconda metà del secolo scorso, ha influenzato e dominato il pensiero sociologico e comportamentale. Da allora, si è stabilito un solido sodalizio tra il suo insegnamento e la teoria socioeconomica del libero mercato che perdura nell'attualità. Dopo aver messo in luce l'inadeguatezza di queste dottrine in relazione all'evoluzione delle scienze e alla nozione di complessità, metteremo in risalto le loro contraddizioni interne e cercheremo di immaginare come il concetto dell'azione umana potrebbe evolvere al di fuori di questi confini mentali ristretti. In questo modo, saremo in grado di sviluppare strumenti di analisi perfezionati, che ci consentiranno di comprendere le trasformazioni sociali ed economiche, il ruolo delle innovazioni, e l'importanza della cultura e dell'identità nazionale.

In seguito, ci immergeremo nella dimensione storica, evidenziando in che modo l'economia di mercato rappresenti solo un periodo marginale nel percorso dell'umanità: grosso modo gli ultimi due secoli. Prima di allora, uomini e donne hanno dimostrato una moltitudine di altre soluzioni per soddisfare i loro bisogni materiali, con vari gradi di efficacia. L'introduzione della prospettiva storica porterà inevitabilmente alla caduta di numerosi miti, tra cui l'idea di un progresso ininterrotto, la riduzione dell'essere umano all'*homo economicus*, l'illusione dell'autoregolamentazione dei mercati e molti altri concetti affascinanti ma inutili, che insistono nel dare un'apparenza di ordine e credibilità alla nostra società.

Nel tentativo di contestualizzare la dimensione storica dell'economia, metteremo in rilievo la componente umana, che viene spesso trascurata nel dibattito presente. In questo senso, focalizzeremo l'attenzione sull'essere umano che l'economia dovrebbe servire nelle sue necessità materiali, e non al contrario, come troppo di frequente accade. Sin dalle sue origini, uomini e donne hanno interagito con un mondo che va oltre il contesto puramente materiale; infatti, la consolidazione dell'esperienza umana, oggi come ieri, presuppone un legame con una realtà che trascende il tangibile, il cui riconoscimento fornisce i principi di base dell'oggettività.

In tal senso si introdurrà una nozione di cultura che rappresenti la forma sostanziale assunta dalle risposte quotidiane, degli individui di una data comunità, alle esigenze poste dalla vita. Ci allontaneremo così dall'illusoria e strumentale cultura del libero mercato, come pure dall'assordante affabulazione sostenuta dal sistema. Adottando questa visione, avremo l'opportunità di conoscere decine di società tradizionali sparse per tutto il globo, mettendo in rilievo le soluzioni individuate per rispondere ai bisogni materiali dei loro membri. Così facendo, ci imbatteremo in sistemi economici che distano decisamente dalla logica del libero mercato, rivelando tuttavia un'efficacia e umanità decisamente più pronunciate.

Infine, appoggeremo le nostre conclusioni su di un'ampia ricerca sul campo che ho personalmente condotto nel biennio 1994-95 nei Paesi Baschi (Spagna). [2] Investigazione che mette in luce il ruolo fondamentale svolto dalla cultura tradizionale nel modellare il comportamento economico di una popolazione locale. Da questa esperienza è nata la convinzione che, riscoprendo la nostra cultura economica, andando oltre le condizioni di alienazione imposte dal libero mercato, possiamo essere in grado di riprendere il controllo collettivo della realtà e disegnare nuovi scenari socioeconomici. Per fare rotta verso questo obiettivo, occorrono azioni essenziali che possono essere riassunte in tre parole, o piuttosto, tre verbi, che delineano il cammino per rivitalizzare i comportamenti economici tradizionali: rivitalizzare, reintegrare, e affiancare.

Malgrado tutte le difficoltà, persiste l'auspicio che, in questo critico momento della nostra storia, una comprensione profonda dell'essenza della cultura e della sua pratica possa fornirci la chiave per sottrarci a questo incubo noto come libero mercato. Ciò potrebbe illuminarci sulla possibilità di un'alternativa, qualcosa di diverso e più allettante, che esiste al di là dell'apparente immutabilità.

Parte 1
Basi di una nuova teoria economica

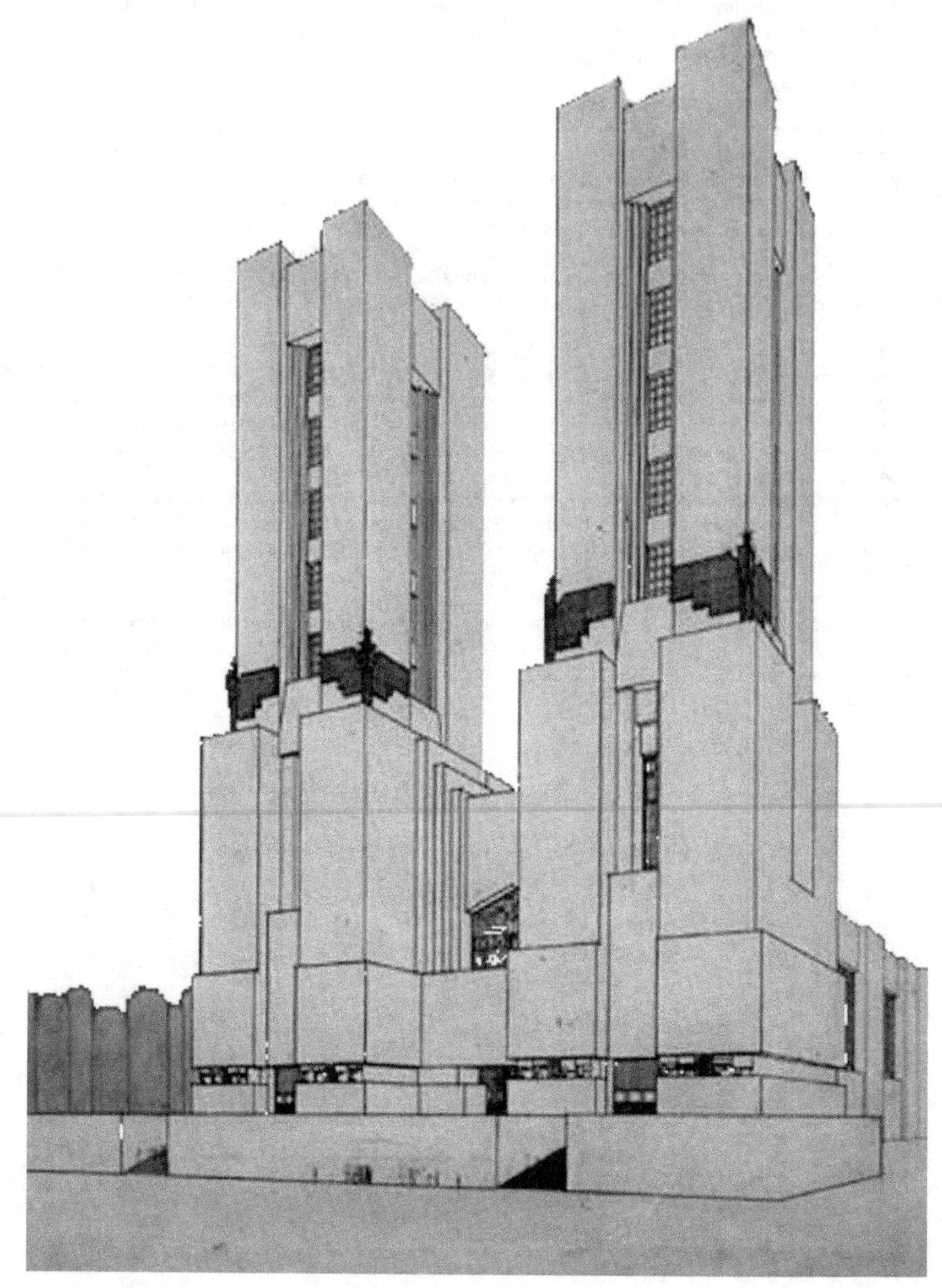

Capitolo 1:
L'essere umano al centro dell'economia

1.1 L'essere umano - 1.2 Stati di alienazione - 1.3 Il senso e la finalità dell'essere

1.1 - L'essere umano

Definire l'essere umano è complicato e soggetto alle nostre credenze personali. Come ha detto Heidegger, non sappiamo realmente cosa significhi "essere". Ma quando ci chiediamo cosa sia "l'essere", ci rendiamo conto che abbiamo una certa comprensione di esso, anche se non siamo in grado di definirlo con precisione. Di conseguenza, dobbiamo concentrarci sull'aspetto fenomenologico di questo soggetto, su ciò che l'essere umano compie nella vita quotidiana attraverso le sue azioni. [1]

Nell'osservare la nostra incessante attività e movimento, dovremmo cercare di capire le ragioni e gli scopi presenti in quello che facciamo. Frequentemente prendiamo decisioni basate su mode di breve durata o su motivazioni che, se analizzate attentamente, sembrano senza senso. Spesso non mostriamo le nostre abilità per pigrizia o paura dell'insuccesso, ponendo in secondo piano il bisogno di esprimerci. Ripetiamo le stesse frasi e opinioni che abbiamo sentito da altre parti, senza considerare ciò che significano, evitando di formulare pensieri originali. Soprattutto, tendiamo a nascondere i nostri sentimenti, considerandoli come segni di debolezza o comportamenti antiquati.

In altre parole, sovente non possiamo fare finta di non notare quanto ci sentiamo estranei nel mondo di oggi. Questo sentimento è in gran parte imputabile all'impatto del sistema lavorativo, dei mass-media, della pubblicità e alla mancanza di un vero senso di appartenenza alla società. Non è sufficiente solo vivere, sentiamo il bisogno di esprimere autenticamente chi siamo veramente, le nostre capacità, i nostri desideri e i nostri sentimenti, invece della falsa immagine di noi stessi che sovente mostriamo, un'apparenza che non ha nulla a che fare con la nostra reale identità. Il filosofo Heidegger ha chiamato questo bisogno " essere il proprio essere in quanto tale " [2].

Quindi, quando diciamo che una persona è un'entità storica, non ci riferiamo solo alla sua presenza fisica e temporale, ma anche alla sua capacità di riconoscere e comprendere la propria unicità e identità come essere umano.

1.2 – Stati di alienazione

Nel mondo di oggi, la comunicazione appare come aver perso il suo riferimento diretto alle persone a cui è rivolta. Non sembra più che si stia esprimendo qualcosa di originale, ma piuttosto che si stia semplicemente ripetendo e trasmettendo lo stesso messaggio a un pubblico sempre più vasto. Questo ripetersi costante, assieme alla perdita del senso originale del messaggio, porta a una separazione tra la parola e il suo significato. Questo fenomeno è stato chiamato da Heidegger "la chiacchiera", che si diffonde sia a livello verbale che scritto o video. Di conseguenza, la gente spesso confonde ciò che è veramente originale con ciò che è solo una ripetizione di qualcos'altro.

La chiacchiera è popolare perché permette alle persone di sentirsi come se capissero veramente tutto, senza dover fare lo sforzo di esplorare realmente un argomento. Inoltre, la chiacchiera ci libera dal rischio di fallimento che può accompagnare ogni tentativo di conoscenza. Non solo ci libera dal bisogno di capire veramente, ma crea anche un senso generale di comprensione a cui niente sfugge e che chiunque può adottare.

Oggi, l'opinione pubblica sembra determinare come le persone debbano sentirsi e vedere il mondo. Questo uso impersonale del 'si' determina come ci si dovrebbe sentire in ogni situazione, oltre a definire ciò che "si" vede e "come si" deve vedere. Inoltre, le persone aderiranno a certi modi di divertirsi, di percepire e giudicare l'arte e la letteratura, e di reagire a ciò che è considerato scandaloso. Questo "si", che non rappresenta nessuno in particolare ma presuntamente tutti, spesso impedisce alla realtà di rivelarsi per quello che è. [3]

Un altro fenomeno notevole è quello di una certa "curiosità", che nasce dal vuoto interiore dell'essere umano della nostra epoca. Questa curiosità non è interessata a capire ciò che scopre, ma piuttosto scruta solo per il piacere di osservare.

Desidera sempre il nuovo, per poi saltare prontamente su ciò che è ancora più recente. Questa curiosità rende difficile per le persone soffermarsi su qualcosa per molto tempo, e si insinua nella loro vita facendoli vivere in un mondo irreale di continua distrazione.

Questi due fenomeni, la chiacchiera e la curiosità, non solo coesistono, ma anche si alimentano e rafforzano a vicenda. La curiosità, a cui niente è nascosto, e la chiacchiera, a cui niente è sconosciuto, danno alle persone l'illusione di vivere una vita piena. All'interno di questa fantasticheria, diventa difficile distinguere tra ciò che è vero e ciò che è falso [4]. Tale equivoco non riguarda solo la realtà esterna, ma anche la comprensione di noi stessi. La chiacchiera e la curiosità vengono considerate come eventi reali, mentre la vera creatività e l'azione vengono relegate a un ruolo secondario o, addirittura, insignificante.

In questa perpetua auto-illusione, le persone si ritrovano sempre sommerse dal mormorio delle parole vuote e delle distrazioni curiose, dove tutto sembra accadere, ma in realtà niente succede veramente. Questo modo pacato di "capire" tutto e confrontare tutto, che appiattisce ogni cosa e ogni persona, conduce all'alienazione, nascondendo alla persona la sua vera natura e capacità. Tuttavia, questa alienazione non allontana mai completamente l'individuo da sé stesso; al contrario, lo spinge verso un'esistenza in cui sembra prevalere una sorta di concentrazione "introspettiva" estrema.

Questo permette alle persone di esplorare tutte le varie interpretazioni che le vengono continuamente offerte, e le spinge verso un'inautenticità che, alla fine, diventa il loro costante modo di vivere. La seducente e confortante alienazione conduce l'individuo a diventare prigioniero di sé stesso, cadendo nella banalità di un'ingannatrice esistenza. Allo stesso tempo, l'opinione pubblica gli nasconde il proprio declino, presentandolo addirittura come un "progresso" nella vita reale. In conclusione, possiamo dire che l'immersione dell'essere umano nel mondo delle piccole preoccupazioni e dell'opinione pubblica si riduce a un tentativo di sfuggire alle proprie vere possibilità e aspettative.

1.3 – Il senso e la finalità dell'essere

La vulnerabilità dell'essere umano può diventare la sua propria forza, specialmente quando viene colpito da un'emozione intensa, da un evento significativo o da un lutto. In quei momenti, può scoprire la realtà in modo originale e, dando una risposta immediata e sincera, rivelare il suo vero essere. Questa scoperta e la conseguente liberazione espressiva richiedono l'eliminazione di ogni forma di occultamento e dissimulazione che lo mantengono serrato in sé stesso. Non riusciremo mai a esprimere la nostra personalità se prima non cerchiamo di capire chi siamo veramente, se non ci dimostriamo trasparenti e disponibili all'interno del nostro essere, nel mondo e con gli altri.

Questi momenti rappresentano situazioni fondamentali della nostra esistenza. [5]. L'essere umano, nella sua essenza, deve quindi riappropriarsi di sé stesso, andare oltre le apparenze e le ambiguità. Quando Parmenide, guidato dalla dea della verità, si trovò di fronte a due strade - quella della scoperta e quella della dissimulazione - voleva rappresentare la convinzione che l'essere umano si trovasse sempre situato tra la verità e la non-verità. Solo distinguendo tra queste due strade e scegliendo quella che possa consentire la scoperta, l'essere umano può trovare il suo cammino [6]. Nel momento in cui cerchiamo il nostro vero essere per affermarlo, possiamo accorgerci della nostra inconsistenza, della nostra tendenza a essere solo ombre vuote. Ma non per questo dobbiamo lasciarci scoraggiare: è cercando il nostro genuino essere che lo creiamo e che diamo un senso alla vita.

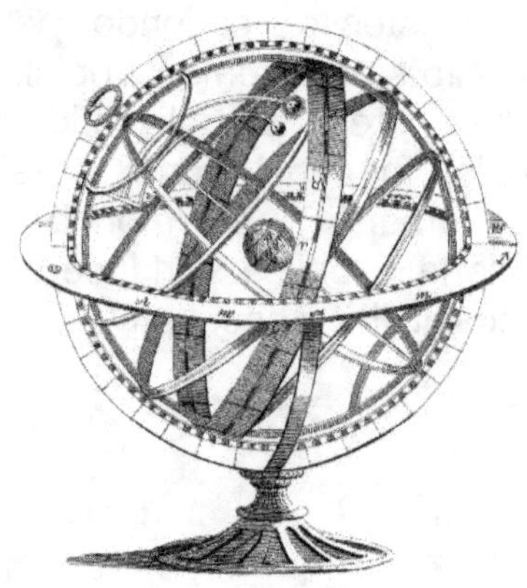

Capitolo 2: L'azione umana nel libero mercato

2.1 Premessa - 2.2 Il sistema dell'azione di Talcott Parsons
2.3 Il sistema dell'azione economica

2.1 - Premessa

A ben vedere, tra illusioni atemporali e varie condizioni di alienazione, è ormai difficile ritrovare la dimensione autentica dell'essere umano. Ciononostante, ricorderemo che già cercando la nostra essenza più sincera diamo un senso alla vita e creiamo il nostro vero essere. Purtroppo, gli idoli moderni unitamente alle tecniche di offuscamento della realtà rendono arduo il cammino. Tuttavia, ciò non lo rende impossibile da raggiungere e, oltre a ciò, è senz'altro benefico a livello personale. Siamo comunque prigionieri di un sistema in cui l'economia e il denaro dominano la nostra vita, obbligandoci a riflettere in termini di benefici e perdite, guidati dall'utilitarismo più bieco. Condizione sociale necessaria per non essere respinti nella marginalità e povertà. Un meccanismo perverso che cercherò di smontare pezzo per pezzo, bullone per bullone. Questo sistema definito in modo molto limitativo come libero mercato o capitalista pone al centro di ogni momento della vita quotidiana atti e condotte economiche. Dal lavoro, al divertimento, alla spesa, al viaggiare, al mangiare ... Ogni cosa che facciamo ha sempre una connotazione economica. E non è che sia sempre stato così! Come avremo occasione di vedere sono esistiti sistemi ridistributivi, di doni reciproci, di semplice scambio etc. ..., che hanno dominato i millenni precedenti all'effimera ribalta del cosiddetto libero mercato. Quindi sarà proprio partendo dalle azioni e comportamenti di tutti i giorni che cercherò di porre in luce l'apparente indistricabile funzionamento della vita economica nella nostra società. Per evitare ogni arbitrarietà nella definizione dell'essere umano, ci concentreremo sugli atti concreti e sulle azioni di quest'attore privilegiato. A tal fine, mi sia permesso utilizzare la teoria di Talcott Parsons, docente all'Università di Harvard dal 1927 al 1973, e autore di riferimento nel campo della teoria dell'azione. Le sue idee sugli assiomi e i teoremi relativi al comportamento umano sono tuttora utilizzati da governi e aziende in tutto il mondo [1].

2.2 - Il sistema dell'azione di Talcott Parsons

Mi soffermerò brevemente sulla sua teoria dell'azione perché ci permetterà di vedere in che modo quest'ultima domina veramente ogni recondito ambito del pensiero globale sul comportamento umano, nonostante gli anni trascorsi e le scoperte scientifiche che si sono susseguite nel frattempo. Evidenza che d'altronde non dovrebbe stupirci particolarmente, visto che le stesse antiquate regole della domanda e offerta, unitamente alle varie fantasie del libero mercato, continuano a essere considerate come leggi attendibili e di universale validità. Parsons definisce un'azione come il comportamento umano intenzionale e orientato verso degli obiettivi. Per l'Autore, l'azione non è semplicemente una condotta meccanica, ma è influenzata dalle aspettative, dalle norme sociali e dai valori culturali.

L'azione di un individuo non può essere compresa in modo isolato, ma solo nel contesto di un sistema di azioni più ampio, strutturato da norme, valori e aspettative reciproche che forniscono orientamento e significato agli atti individuali.

1. **Ambito dell'azione**

- Ambito fisico: oggetti materiali, condizioni climatiche, geografia, geologia e lo stesso organismo biologico dell'individuo.

- Interazione sociale: interazioni con altri individui.

2. **Ruolo degli oggetti culturali o simbolici**

- Attribuiscono specifici significati alla realtà.

- Forniscono simbolismo all'azione umana.

- Sono indispensabili per la comunicazione tra individui, vedi le lingue e la gestualità.

3. **Esistenza e persistenza di un sistema dell'azione**

- Deve soddisfare certi bisogni fondamentali.

- Deve comportarsi e mutare in modo non casuale, seguendo certi modelli e regole.

4. **Quattro funzioni fondamentali del sistema dell'azione di Parsons**

- **Adattamento**: stabilire relazioni tra il sistema d'azione e l'ambiente esterno, procurarsi le risorse necessarie.

- **Realizzazione degli obiettivi**: dare finalità al sistema, mobilizzare e gestire risorse ed energia per raggiungere le gratificazioni desiderate.

- **Integrazione**: esercitare controllo, inibire devianze, mantenere coordinazione e coesione tra le parti, prevenire perturbazioni eccessive.

- **Latenza**: assicurare la motivazione degli attori, creare e rinnovare una riserva di stimoli, canalizzare energia sotto forma di motivazione. Questa funzione appresenta il punto di contatto tra il sistema d'azione e l'universo simbolico e culturale [2].

2.3 - Il sistema dell'azione economica

Esaminando ora il sistema dell'azione economica, evidenzieremo come il modello sviluppato da Parsons all'inizio del XX secolo, purtroppo, sia ancora alla base delle teorie economiche che continuano a mantenerci in continue situazioni di crisi. Nel pensiero di Parsons, basato sul modello economico di Marshall [3], l'individuo sociale appare sostanzialmente come un'estensione dell'individuo economico. Secondo Parsons, la società appare come un grande mercato di scambi tra unità individuali e collettive, dove non solo il denaro, ma anche il potere, l'influenza e gli impegni circolano incessantemente. Per Parsons, l'economia è l'aspetto privilegiato dagli attori sociali, impegnati come sono normalmente nella produzione e nella circolazione di beni e servizi necessari per la sopravvivenza materiale e il benessere degli individui e della collettività. In sintesi, l'economia appare come un sottosistema funzionale che può essere analizzato separatamente e suddiviso in quattro ulteriori sottosistemi.

1. **Produzione e circolazione di beni e servizi**
   (Perseguimento dei fini)
   - Identifica gli obiettivi perseguiti dall'economia.
   - Soddisfa i bisogni di consumo producendo i beni e servizi richiesti.
   - Mobilita risorse per raggiungere il precedente obiettivo, corrispondendo al "perseguimento dei fini" del sistema generale dell'azione.

2. **Risorse necessarie al sistema economico** *(Latenza)*
   - Possono essere materiali, culturali, e psicosociali.
   - Tecnologia come risorsa culturalmente necessaria.
   - La motivazione degli attori nello svolgimento dei ruoli produttivi, a seconda della cultura.
   - L'insieme di queste risorse costituisce il sottosistema della latenza, il quale si manifesta sia nella cultura sia nella personalità.

3. **Mobilizzazione delle risorse** *(Adattamento)*
   - Richiede un sistema di gratificazioni destinato alla raccolta e all'allocazione delle risorse.
   - I capitali sacrificati temporaneamente per l'attività produttiva operano come incentivo per gli attori.
   - L'insieme delle attività di capitalizzazione costituisce il sottosistema di adattamento dell'economia.

4. **Coordinazione e organizzazione per l'efficienza economica** *(Integrazione)*
   - Richiede l'organizzazione dei fattori produttivi posti al servizio degli obiettivi.
   - Le attività organizzative della produzione formano lo specifico sottosistema di integrazione dell'economia.

Non è difficile identificare l'esistenza di una vasta rete di scambi e interazioni tra i quattro sottosistemi. Ad esempio, gli investimenti destinati alla produzione serviranno anche per impiegare e conservare le diverse e indispensabili risorse fisiche e sociali, mentre le istituzioni economiche create per rispondere alle esigenze di integrazione dovranno anche garantire i servizi delle risorse umane necessarie, offrendo in cambio, alle persone coinvolte, gratificazioni monetarie e una certa sicurezza.

Capitolo 3: Complessità e società

3.1 Premessa - 3.2 I sistemi complessi - 3.3 L'azione nel mondo reale
3.4 La complessità e le scienze sociali - 3.5 Emergenza e attrattori
3.6 L'auto-organizzazione - 3.7 I feedback - 3.8 Economia e complessità

3.1 - Premessa

Ora, cercheremo di sintetizzare lo scompiglio ontologico generato dalle recenti scoperte nel mondo scientifico, con particolare riferimento alla nozione di complessità. Sembra, in effetti, che ben poco del fittizio equilibrio economico possa restare in piedi alla luce dei nuovi sistemi. Negli ultimi decenni, la comunità scientifica ha sviluppato una comprensione più approfondita della natura dell'universo. In effetti, si è scoperto che il mondo non può più essere rappresentato attraverso il modello del moto planetario stabile e periodico, nucleo centrale del meccanicismo classico e dell'economia; ora prevale l'idea di un mondo caratterizzato da instabilità e fluttuazioni, responsabili della creazione dell'infinita varietà e ricchezza di forme e strutture osservabili nella natura [1].

Ritengo che i centri studi dei governi, delle università rinomate e delle multinazionali abbiano piena coscienza della complessità intrinseca del mondo. Tuttavia, i rappresentanti di questa élite sfruttano i nuovi strumenti a loro disposizione per proprio vantaggio, lasciando la popolazione generalmente all'oscuro. L'educazione di base e spesso anche quella universitaria, insiste nel mantenere i nuovi paradigmi ben lontano dalle materie sociali e, con la collaborazione dei mass-media e dell'opinione pubblica, continuano a indottrinarci come stanno facendo da più di un secolo.

E così seguitano a parlare di equilibrio del libero mercato, della domanda e dell'offerta, dell'inflazione, della recessione e così via; concetti interessanti ma lontani dal decifrare una realtà molto più complessa. In questa società, un'indiscrezione giornalistica può destabilizzare l'economia di un'intera nazione. Tuttavia, cercheranno di giustificare tale crollo con espressioni come "l'onda speculativa", "l'aumento dei tassi di interesse" e altre simili. E mentre il tempo passa e nuove informazioni vengono alla luce, diventa chiaro che l'indiscrezione giornalistica iniziale non era attendibile.

In questo capitolo ci soffermeremo sullo studio dell'azione umana, della società e dell'economia considerati questa volta come sistemi complessi. Il nuovo punto di vista ci permetterà, non solo di meglio comprendere il presente, ma anche gran parte delle civiltà che ci hanno preceduto.

3.2 - I sistemi complessi

La teoria della complessità si occupa dello studio dei sistemi complessi, non-lineari e dinamici aventi effetti di retroazione. Queste strutture complesse non possono essere studiate con approcci standard, richiedendo l'uso di metodi diversi e interdisciplinari. La complessità si trova ovunque, nella natura (come i corsi d'acqua, gli ecosistemi e il clima), nella società (come le imprese, i mercati e la società in generale), e nel mondo artificiale (come le tecnologie, le istituzioni e le lingue).

Un esempio interessante viene presentato da Kauffman [2], il quale afferma che, posto N il numero di nodi (ognuno dei quali rappresentante un elemento chimico), ciascuno di questi potrà trovarsi unicamente nello stato di attivo o non-attivo, a seconda che sia sintetizzato o meno. Ogni nodo può avere varie connessioni con gli altri nodi, e può essere attivato o disattivato a seconda delle sue connessioni. Quando il sistema è attivato, le reazioni iniziano a propagarsi attraverso le connessioni, attivandosi o disattivandosi a seconda dei vari periodi di tempo. In definitiva, quando pensiamo di modellare la società o l'economia, dovremmo considerare un approccio ibrido, usando sia elementi del caos sia della teoria reticolare. Un possibile modello potrebbe vedere i nodi come gli attori economici e sociali in un sistema, collegati da variabili come i prezzi, il reddito o le decisioni di investimento. Questo ci permetterebbe di esaminare come il sistema cambia nel tempo e di analizzare i fenomeni di feedback che si verificano nelle connessioni tra i nodi. [3]

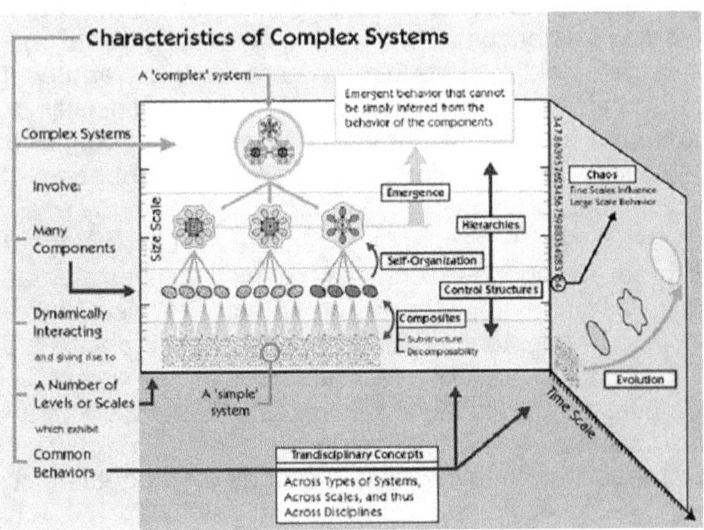

3.3 - L'azione nel mondo reale

L'astrazione simbolica e le definizioni semplificate sono strumenti legittimi per comprendere concetti complessi come l'azione umana. Tuttavia, questo approccio può portare a conclusioni che generano perplessità, creando una visione distorta del progresso e una falsa percezione di dominio sull'ambiente e sulla natura. In realtà, ogni cambiamento e azione umana è l'attestazione di una presenza. La visione di un volto, per esempio, va oltre il riconoscimento delle sue caratteristiche fisiche. Infatti, implica la percezione di un'esistenza incarnata, espressa attraverso gli elementi che la manifestano. Analogamente, l'interpretazione di ogni aspetto della vita umana richiede un approccio olistico, considerando il significato complessivo che ne emerge.

Nel campo della scienza, i risultati più significativi derivano dalle interazioni tra molteplici variabili. Tuttavia, l'approccio di ricerca spesso limita il numero di variabili considerate, portando alla creazione di teorie basate su un numero limitato di fenomeni. Questo approccio può oscurare l'effettiva complessità della realtà e il valore empirico dei risultati ottenuti. Inoltre, le variabili escluse dalle modellizzazioni non sono solo trascurate, ma vengono anche spesso considerate come costanti. Questo favorisce la mascheratura dei fenomeni reali, come indicato dalla famosa clausola "ceteris paribus". In verità, raramente gli eventi restano stabili e costanti. Il sistema dell'azione di Parsons [4], che, come risaputo, costituisce il basamento della teoria sociale ed economica contemporanea, è intrinsecamente condizionato dai limiti precedentemente citati. Infatti, al suo interno l'esistenza umana sembra ridursi al gioco di un piccolo numero di variabili, assunte come essenziali e rappresentative dell'intero mondo reale. La premessa implicita dell'esistenza di un equilibrio impedisce di considerare il modo in cui ogni atto, gesto o azione implichi un cambiamento inevitabile, sebbene talvolta impercettibile, nell'intorno dell'individuo.

Per sopravvivere, le cellule, gli organismi e gli ecosistemi devono essere in grado di rispondere con cambiamenti continui alle variazioni impreviste dell'ambiente esterno, compresi quelli causati da altri esseri viventi. In queste circostanze, batteri, virus, piante e animali sussistono in un ambiente di casualità, disordine e imprevedibilità.

Sono inoltre caratterizzati da reti intricate di interazioni tra le parti e da uno scambio continuo di materia ed energia con l'ambiente esterno, producendo nuovo ordine secondo un progetto in costante mutamento, proprio come il nostro cervello cambia continuamente, apprendendo, assimilando e auto-creandosi. I sistemi complessi sfidano i canoni positivistici di descrizione, predizione e spiegazione. Il loro comportamento è il risultato dell'interazione dinamica nel tempo tra le proprie componenti costitutive, che si manifesta come la somma di tali interazioni. L'instabilità e il disordine non sono solo caratteristiche comuni in natura, ma sono fondamentali per l'evoluzione dell'universo.

3.4 - La complessità e le scienze sociali

Nell'attuale società, sembra che gli esseri umani abbiano una folle paura del disordine e del caos. Crediamo di essere all'interno di un sistema più o meno ordinato, con le sue regole e una certa stabilità. Impresa ardua, quindi, situare l'essere umano all'interno del paradigma della complessità. Infatti, anche se esiste un'evidente componente simbiotica tra l'uomo e l'ambiente fisico e biologico circostante, la coscienza lo distingue profondamente dal suo intorno. La capacità di rispondere alle domande come 'Chi sono?', 'Cosa faccio qui?' e 'Che significa la vita?' distingue profondamente l'essere umano. Insomma, la consapevolezza di sé stesso, la facoltà di comprendere i vari aspetti del mondo, di condividere la propria storia e di evolvere nell'interpretazione della realtà che lo circonda, rendono l'essere umano intimamente diverso dalle altre forme di vita e dai fenomeni fisici. Tuttavia, questa capacità interpretativa non produrrà ordine. L'unicità dell'esperienza umana combinata con la moltitudine di possibilità dell'interazione collettiva e l'evoluzione della società umana producono un altissimo grado di complessità, soprattutto nei valori, nelle norme e nella comprensione storica.

Per fornire un esempio concreto, vedremo come la complessità caratterizza anche le più comuni azioni quotidiane, come quella di decidere di mangiare una pizza. Si tratterà, quindi, di un fenomeno ordinato e ad alta prevedibilità, legato al bisogno basico di cibarsi. Ciononostante, decidendo di avviarmi verso la pizzeria vicino a casa, lungo il cammino incontro un'amica che mi propone di mangiare insieme e così prendiamo la sua auto e ci rechiamo in un'altra pizzeria, più lontana. Il traffico, però, ci costringe a restare in coda per molto tempo e nel frattempo mi ricordo di un appuntamento di lavoro. Scendo dall'automobile scusandomi con l'amica, salgo sulla metropolitana e, prima di recarmi all'incontro, entro in un bar e mangio una pizzetta riscaldata. L'obiettivo di questo esempio era quello di mostrare come anche gli eventi più comuni della vita umana sono basati su processi lineari, complessi e non lineari.

3.5 - Emergenza e attrattori

Comprendere l'emergenza è cruciale quando parliamo di complessità. Ogni sistema complesso contiene ciò che chiamiamo "attrattori", che indicano un livello sottinteso di ordine. Lo studio delle relazioni tra i parametri del sistema e questi attrattori fornisce informazioni vitali per capire come funziona il sistema. Gli attrattori emergono da sistemi complessi e dinamici che transitano attraverso fasi spaziali essenziali attorno a loro, che potrebbero rappresentare i vari livelli organizzativi necessari per il sistema al fine di funzionare correttamente. In modo più specifico, un attrattore è un punto o un insieme di punti attorno ai quali un sistema evolve per un periodo di tempo significativo. Dal punto di vista geometrico, un attrattore può essere un punto, una curva, un poligono irregolare o un insieme complicato come un frattale, noto come attrattore insolito. Le traiettorie di un sistema dinamico nell'attrattore non devono soddisfare nessuna speciale condizione, eccetto quella di rimanere nell'attrattore, e possono essere periodiche, caotiche o altro. L'area della zona di stato verso cui il sistema evolve è chiamata "bacino di attrazione", e i suoi limiti esterni sono chiamati "repellenti". Inoltre, questi bacini di attrazione possono essere separati l'uno dall'altro da "separatori". Di solito, a bacini di attrazione più grandi corrispondono comportamenti del sistema a lungo termine. In generale, gli attrattori sono ben più dei semplici componenti che li costituiscono. Anche la vita può essere vista come un fenomeno emergente, con i suoi sistemi fisico-chimici organizzati e interagenti tra loro in modi specifici.

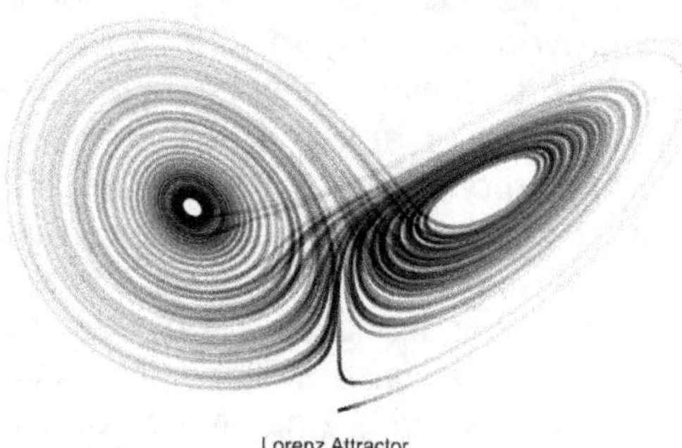

Lorenz Attractor

3.6 - Auto-organizzazione

Anche se la comparazione metaforica non prova che l'azione umana sia un insolito attrattore, il sistema sociale gli assomiglia profondamente e si comporta, appunto, come un attrattore e, per di più, potrebbe spiegarci molte cose sul suo funzionamento. Come ha sottolineato Alex Byrne: "... La questione non risiede nelle traiettorie individuali degli atomi sociali quanto, piuttosto, nelle caratteristiche mutevoli del complesso ordine sociale all'interno del quale tali traiettorie sono percorse. Dobbiamo capire che anche il fenomeno più microscopico è aggregato dentro a qualcosa che va ben oltre alla somma delle parti e ci permette di intuire che la società è costituita da un insieme di attrattori all'interno di una gamma di possibili condizioni spaziali. Inoltre, è necessario capire come i cambiamenti nelle variabili di controllo dell'intero sistema possano perfino modificarne la struttura dell'insieme di attrattori..." [5]

Questo ci porta a un concetto importante proposto dalla teoria della complessità: l'auto-organizzazione (self-organization). Secondo questa visione, nuovi ordini emergono naturalmente a causa di imprevedibili interazioni non lineari. L'auto-organizzazione implica un bilanciamento tra ordine e caos. Questo approccio alla realtà può esserci molto utile nello spiegare l'adattamento, il comportamento, la riproduzione e l'evoluzione. I sistemi sociali sono in grado di mappare il loro passato (memoria) e consolidare i vantaggi (ordine), ma allo stesso tempo devono favorire nuove idee per adattarsi ai cambiamenti nel loro intorno.

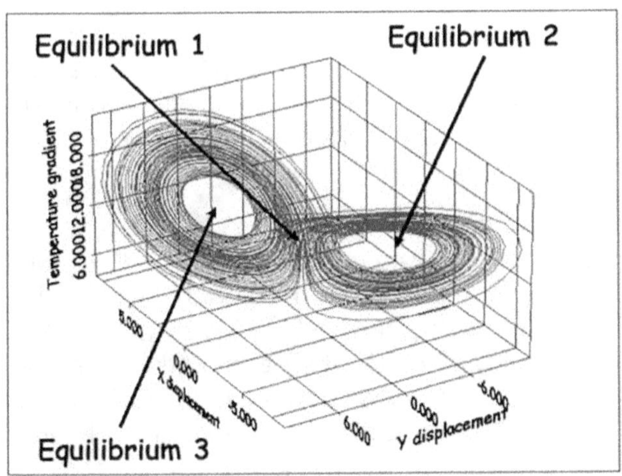

I sistemi caotici possono generare modelli frattali, che hanno la particolarità matematica di mantenere la stessa struttura in tutte le scale. In altre parole, tali modelli si manifestano in forme che possono essere osservate da qualsiasi punto di vista. Numerosi fenomeni naturali, come i cristalli di ghiaccio o i rami degli alberi, mostrano queste caratteristiche di modellazione ripetitiva su diverse scale.

3.7 - I feedback

I sistemi sociali, per loro natura, sono aperti e fortemente collegati tra di loro. Rilevano un comportamento individuabile come combinazione tra l'azione intenzionale umana e i processi di auto-organizzazione. All'interno di questi sistemi, anche piccoli cambiamenti in una sola componente possono scatenare una serie di effetti a catena, molti dei quali accidentali e imprevisti, influenzando la struttura e il funzionamento dell'intero sistema. Per comprendere meglio il fenomeno, dovremo concentrarci sui singoli elementi, piuttosto che sul sistema nel suo insieme.

Il feedback è la capacità di una struttura dinamica di tenere conto dei risultati del sistema per modificare le caratteristiche del sistema stesso. I fenomeni di feedback possono essere classificati nel seguente modo:

1- I feedback che mantengono un equilibrio specifico, riducendo o eliminando qualsiasi tentativo di cambiamento che superi certi limiti. Questi fenomeni, noti come "feedback negativo", hanno lo scopo di mantenere la stabilità all'interno del sistema.

2- I feedback che amplificano il cambiamento invece di sopprimerlo, minando la stabilità anziché preservarla. Questi fenomeni, noti come "retroazione positiva", hanno il potere di amplificare anche le più piccole deviazioni e si identificano con una vasta gamma di processi auto-stimolanti.

In un universo statico, potremmo dire che i sistemi con feedback negativo sono generalmente più stabili. Tuttavia, in un universo complesso come quello che ormai conosciamo, dominato da feedback positivi, nuove e imprevedibili proprietà possono emergere in qualsiasi momento, rendendo il sistema difficilmente prevedibile. I sistemi sociali, essendo aperti dal punto di vista termodinamico, possono assorbire grandi quantità di energia dal loro ambiente, convertendola poi in un aumento della complessità del sistema stesso. In questo contesto, la conoscenza del comportamento passato del sistema può fornirci previsioni utili sulla sua evoluzione futura.

3.8 - Economia e complessità

Gli economisti classici, in genere, continuano a porre la loro attenzione sullo stato del sistema, ritenendo che questo evolva da una situazione di equilibrio all'altra, durante una determinabile frazione di tempo. Mantenendo, quindi, una sostanziale visione statica dell'economia, anche se osservabile su tempi successivi, e persistendo così nell'ignoranza del suo intrinseco dinamismo, analogo a quello degli altri sistemi sociali. W. Brian Arthur, in modo divertente, esemplifica così la situazione: "... Per andare in bicicletta dovremmo prima imparare a mantenerci in equilibrio da fermi? - L'economista risponderà: - Certamente! Dobbiamo imparare la statica prima della dinamica. Dopo aver appreso a mantenerci in equilibrio da fermi, possiamo provare a muoverci lungo delle traiettorie lineari e così via. - Il mondo reale, invece, dirà: - No! L'arte dinamica di andare in bicicletta sfrutta le forze centripete che non sono attive quando la bicicletta è ferma. L'apprendimento dell'equilibrio da fermi è irrilevante per andare in bicicletta. - ..." [6]

Il sistema complesso perviene a degli stadi, aventi un certo tipo di ordine, a seguito dell'interazione degli elementi eterogenei che lo costituiscono. Quando, però, l'interazione avviene a un livello posto aldilà delle attuali capacità descrittive, ci troveremo dinanzi a dei modelli emergenti, che eserciteranno sul sistema una sorta di magnetismo (normalmente roteante in un'unica direzione), come gli attrattori illustrati in precedenza. Anche l'economia può essere vista come un sistema complesso adattativo, all'interno del quale gli attori interagiscono, elaborano l'informazione e creano strutture emergenti che eserciteranno un certo ed essenziale magnetismo nella loro continua evoluzione. Da questo punto di vista, osserveremo alcuni importanti fenomeni:

> **Interazioni e feedback positivi.** Consideriamo gli attori economici come creatori di decisioni. Le scelte di questi attori influenzeranno gli altri, spingendoli a prendere decisioni simili per vari motivi. Ad esempio, vediamo comportamenti di emulazione tra consumatori, produttori, investitori e altri attori economici.

➢ **Benefici crescenti.** Molte economie presentano crescenti benefici di scala, derivanti dal feedback positivo. Ad esempio, due artigiani che lavorano insieme possono realizzare più di quanto avrebbero potuto fare separatamente. Il sistema economico complesso, tipicamente caratterizzato dagli effetti del feedback positivo e dei benefici crescenti, presenterà anche un'interessante tipologia di comportamenti globali:

➢ **Evoluzione verso uno stadio consolidato.** Il sistema economico complesso è in costante evoluzione. Le varie fasi di consolidamento non rappresentano stati di equilibrio successivi, ma piuttosto le varie fasi di aggiustamento stimolate dai fenomeni di feedback positivo.

➢ **I fenomeni evolvono in modo non-lineare e simultaneamente** per cui l'analisi empirica non potrà avvalersi dei metodi convenzionali. Alcune valide indicazioni teoriche ci vengono offerte, oltre che dall'antropologia, da George Soros, quando afferma che uno studio empirico dell'economia può essere effettuato partendo da due fondamentali processi dei sistemi sociali: l'osservazione e la partecipazione. [7]

➢ **Dipendenza di percorso.** Un'altra caratteristica di ogni sistema complesso è costituita dal substrato storico (history matters) presente lungo il suo sviluppo evolutivo. Questo implicherebbe, tra l'altro, che anche un consolidato comportamento di fondo di un sistema economico può essere influenzato da estemporanei e brevi fattori. In linea generale, potremo affermare che, quando un certo comportamento, in un dato spazio-temporale, risulta promettente, il sistema sarà propenso ad adottarlo anche in futuro. Mostrando così molteplici tipi di comportamenti di fondo operanti simultaneamente, determinati dalla sua storia e in grado di costituire l'identità del sistema stesso.

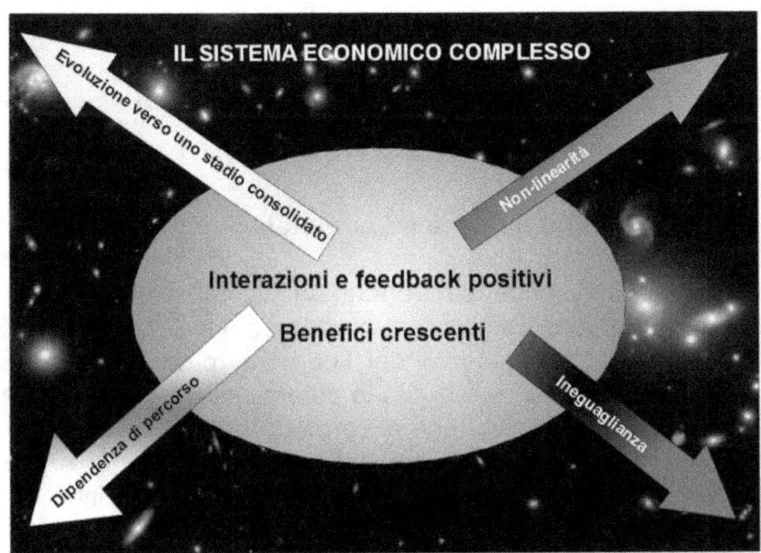

> **Ineguaglianza.** I modelli basati sull'interazione possono aiutare a capire la persistenza dell'ineguaglianza e della povertà. Le preferenze individuali, le convinzioni, le opportunità sono fortemente influenzate dalla propria appartenenza a vari gruppi sociali. Questi gruppi hanno interazioni positive che influenzano e generano risultati comuni tra i membri. Un alto livello di stratificazione sociale porta a differenze significative tra i gruppi, che possono aumentare l'ineguaglianza e ridurre la mobilità sociale.

Vedremo nei capitoli seguenti come funzionano nella loro concretezza l'azione umana e i sistemi complessi, trattando di distinguerli dai tanti nodi concettuali dissimulati nel pensiero odierno.

Capitolo 4: Il processus dell'azione

4.1 L'azione umana nei sistemi complessi - 4.2 L'adattamento e i bisogni primari
4.3 Il progresso e il tempo - 4.4 Scarsità ed etnocentrismo
4.5 Il cambiamento sociale e individuale

4.1 - L'azione umana nei sistemi complessi

Se integriamo le scoperte introdotte dalla complessità nel sistema dell'azione di Parsons evidenzieremo non solo le sue incongruenze ma anche quelle dell'impianto del libero mercato. Cionondimeno avremo la possibilità di individuare le autentiche costanti di base del processo dell'azione umana che ci permetteranno di comprendere e avvicinarci anche ad altre civiltà, del passato come del presente. Infatti, l'essere umano sembra partecipare a un movimento che culmina in ogni momento nell'istituzione di un ordine umanizzato; in questo contesto, l'azione appare come un atto fondante rivolto a una specifica organizzazione storica della materia e delle capacità umane [1]. Perciò, ogni comprensione della realtà umana dovrebbe essere vista attraverso la lente del 'fatto umano totale' che si sviluppa nel tempo. Questo tempo non deve essere considerato come una variabile lineare ed esterna, ma piuttosto come un *continuum* interno, strettamente legato ai fenomeni che stiamo esaminando.

In ultima analisi, ciò che avviene nella società sembra riflettere ciò che accade in natura: gli eventi derivati dagli atti umani tendono a propagarsi, amplificandosi, interagendo in modo complesso. Di conseguenza, un'analisi accurata dell'azione richiederà la considerazione dei sottosistemi funzionali correlati, inseriti all'interno di un particolare flusso del tempo, irreversibile e interno al processo stesso.

In questa direzione, l'individuo deve essere sempre considerato come un esecutore specifico di atti intenzionali, uniti dal senso. Quando un individuo agisce, è l'essere che compie delle azioni [2]. Ogni fenomeno si manifesta formalmente come ciò che si mostra in termini di essere e struttura dell'essere. Questo "essere" può rappresentare una vera immagine di sé, un "essere-presente", o un "essere alienato", perduto in discorsi vani e nella curiosità.

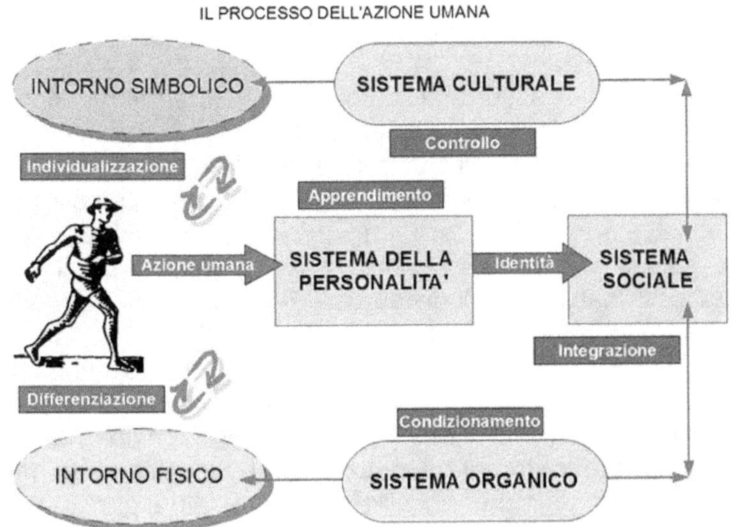

La vita, in questo senso, può essere intesa come auto-creazione costante, un processo attraverso il quale un organismo o un sistema continua a formarsi e riformarsi partendo dalle proprie azioni. Questo processo non avviene nel vuoto, ma richiede un intorno che lo supporti, pur essendo continuamente manipolato e influenzato dal sistema stesso. L'azione umana richiede anche un patrimonio genetico che assicuri l'esistenza e la trasmissione delle caratteristiche che rendono possibile la vita e la rigenerazione. Pertanto, il processo dell'azione incorporerà i fenomeni di retroazione, sia positivi che negativi. Quando un individuo agisce, appare influenzato e trasformato non solo dalle proprie azioni passate e presenti, ma anche da quelle altrui, visibili nella società e tracciabili nel contesto fisico e culturale specifico [3].

Infine, la comprensione della verità non può essere separata dalle nostre emozioni o dall'attività tecnica e creativa. La decisione puramente logica è solo un'astrazione. In realtà, la razionalità è solo un elemento dell'azione complessiva [4]. Siamo quindi molto distanti dal tanto decantato sistema dell'azione di Parsons, ormai talmente interiorizzato nelle varie teorizzazioni economiche, sociali e psicologiche da renderne ardua la disgiunzione, pena il loro catastrofico crollo.

4.2 - L'adattamento e i bisogni primari

Cercheremo di riassumere i concetti obsoleti e le principali limitazioni del sistema che identifica il protagonista delle azioni nell'*homo economicus*, pietra angolare del libero mercato. La fede nelle macchine e nel razionalismo raggiunse con questo concetto l'apice dell'assurdo: infatti, si riteneva che gli uomini e le donne fossero guidati nelle loro azioni, essenzialmente e in modo semplicistico, dall'utilità individuale. Al contrario, nonostante sussistano delle indubbie esigenze personali alla base delle azioni umane, la relazione dell'uomo con il suo intorno materiale, si evolve costantemente grazie all'interazione con il prossimo. Competenze pratiche, strumenti, coordinamento sociale e procreazione sono tutti elementi che s'integrano per connettere l'uomo con il proprio habitat. Anche se l'adattamento umano all'intorno materiale è principalmente istintivo, tuttavia, è cruciale ricordare che questi istinti non operano isolatamente. Essi includono il soddisfacimento di bisogni basilari come fame, sete, sonno e sessualità, corroborati dall'istinto epistemico: un impulso interno alla scoperta, capace di attivare l'intero organismo in cerca di stimoli, che possono essere sia nuovi e intensi, sia abituali e tenui.

Sintetizzando, i bisogni primari potrebbero essere così suddivisi[5]:
1. **Bisogno di sopravvivenza:** l'istinto basilare di vivere e di assicurarsi un futuro sicuro.
2. **Bisogno di stimoli:** la necessità di stimoli emotivi per il corretto sviluppo del sistema nervoso.
3. **Bisogno di riconoscimento sociale:** l'importanza delle interazioni sociali nello sviluppo personale e intellettivo.
4. **Bisogno di dare senso alla vita:** l'urgenza di strutturare il tempo per dare un significato alla propria esistenza evitando la sensazione di banalità e vuoto.

Gli istinti sembrano esistere con lo scopo di impulsare l'appagamento di questi bisogni essenziali per la sopravvivenza dell'individuo. I bisogni primari sono fondamentali, non mutabili, e rappresentano impulsi profondi che trascendono la dicotomia del bene e del male. Inoltre, sono così intimamente legati all'essere umano che possono essere considerati intrinseci a tutte le culture e le epoche. Il soddisfacimento di tali necessità non potrà tuttavia essere guidato dal semplice tornaconto. Durante la storia delle varie civiltà, l'utilitarismo individuale è stato di esclusivo appannaggio di una ristretta cerchia di persone: i nobili, i cortigiani e i commercianti. Restavano esclusi i vertici del potere politico, re e principi per intenderci, poiché non potevano permettersi di agire in modo strettamente utilitaristico, giacché avrebbero provocato la rivolta dei propri sudditi in un'epoca in cui non esistevano ancora le truppe aviotrasportate. La storia ci offre numerosi esempi in merito e, ancora, occorre ricordare che l'interesse individuale, oltre ad essere censurato dalle religioni, non avrebbe apportato nessun beneficio diretto, in una società dove l'utilità di un'azione doveva essere necessariamente anche collettiva.

Occorre considerare che, prima del XIX° secolo, più del 90% della popolazione non possedeva denaro od oggetti preziosi. Le uniche monete che la gente maneggiava erano quelle ricavate dalla vendita di un paio di galline o di una capra ed erano destinate ad acquistare, nei rari mercati festivi, le stoffe e gli utensili che non erano in grado di produrre da soli. [6]

Purtroppo, nel mondo occidentale, la diffusione e l'interiorizzazione dell'utilitarismo individuale tra la popolazione ha ottenuto il successo che ben conosciamo. Diremo, anche, in modo trasversale tra i vari settori sociali: non è raro annoverare tra i peggiori utilitaristi, che venderebbero anche l'anima, le persone più vulnerabili, economicamente parlando. L'educazione al tornaconto individuale inizia fin dalla più tenera età, nella scuola come nella famiglia e tra gli amici. Il non uniformarsi ha un costo psicologico e sociale che può condurre all'emarginazione. Tutti i mass-media insistono sulla competizione e sull'utilità di cose inutili. Il bombardamento è costante e sommamente intrusivo, non trascurando neanche i sentimenti più intimi, sovente ridotti a un "dare e avere", come nelle applicazioni on line di incontri.

Il capitalismo, nel giustificare l'individualismo, giunse al punto di affermare che l'individuo diveniva ormai "libero e autonomo" e non più la semplice appendice di una tribù, di una casta o di un clan. Riusciva per di più ad accedere al diritto alla proprietà, all'acquisizione di beni, al negoziare, al prosperare o al morire di fame, ma sempre in funzione del proprio sforzo individuale. Cercando di riassumere, evidenzieremo come, per la dottrina del libero mercato, le donne e gli uomini dovrebbero essere guidati esclusivamente dal mero utilitarismo e ci renderemo conto che la maggioranza della popolazione occidentale, si allinea ormai completamente a tale stile di vita, condizionata com'è dal proprio contesto sociale.

4.3 - Il progresso e il tempo

Da molto tempo, è subentrata la tendenza a separare il significato atemporale delle proposizioni dal loro svolgimento nel tempo. Tuttavia, il tempo è una parte fondamentale della nostra realtà naturale ed è intrinseco alla struttura della materia stessa. Ilya Prigogine ha evidenziato l'importanza del tempo nella storia della scienza, soprattutto nel campo della fisica. A partire dalla rivoluzione scientifica del secolo XIX°, la fisica classica ha cercato di eliminare la dimensione temporale, tentando di collocare le sue leggi in una sfera considerata come eterna. Tuttavia, la nostra esperienza quotidiana è caratterizzata da un'esperienza del tempo molto diversa: la vita non è guidata da leggi atemporali e deterministiche, ma è piuttosto immersa nel flusso del tempo [7]. Gli individui, gli eroi, e gli eventi sociali acquisiscono significato solo quando vengono situati nel tempo. Al di fuori di esso, esiste solo spazio per i fantasmi. È nel tempo che l'umanità esprime il proprio spirito vitale e si realizza, dando un senso alla vita.

Nelle società moderne, a un certo punto, è sorto il bisogno di unità di tempo estremamente precise come l'ora, il minuto o il secondo. Queste unità di tempo sono standardizzate e rese intercambiabili nonché affidabili in ogni luogo e in ogni epoca. Il progresso industriale ha richiesto la sincronizzazione del comportamento umano con i ritmi delle macchine. Per contro, nelle società agricole, dove era importante solo determinare il momento opportuno per seminare e raccogliere, il tempo veniva misurato con precisione per lunghi intervalli, ma non per brevi periodi di tempo. Questo perché era superfluo sincronizzare il lavoro umano con la natura. Nei secoli passati, la percezione del tempo variava notevolmente a seconda del luogo e dell'epoca, ad esempio, nel nord dell'Europa durante il Medioevo, il giorno era diviso in un numero fisso di ore diurne e notturne, ma la durata di queste ore mutava a seconda della stagione [8]. In molte società preindustriali, il tempo era visto non come una linea retta ma come un cerchio. Per esempio, sia per i Maya, i buddisti, che gli hindu, il tempo era circolare e ripetitivo: la storia iniziava sempre da capo, e lo stesso accadeva per la vita attraverso il ciclo delle reincarnazioni [9].

In definitiva, il libero mercato non si limitò solamente a creare delle nuove rappresentazioni spazio-temporali destinate a rimodellare l'esistenza quotidiana, ma diede anche una risposta originale alla questione stessa dell'essenza delle cose. Confermando così come ogni impero abbia bisogno di inventarsi dei miti e delle credenze per rispondere ai quesiti posti dall'esistenza. Al riguardo, Polanyi rammentava che: "... La Rivoluzione Industriale fu semplicemente l'inizio di una rivoluzione tanto estrema e radicale quanto tutte quelle che avevano mai infiammato lo spirito dei settari, ma il nuovo credo era completamente materialista e implicava che, data una quantità illimitata di beni materiali, tutti i problemi umani potevano essere risolti…" [10]

In effetti, la rivoluzione industriale è stata preceduta e accompagnata da un cambiamento culturale analogo, che può essere riassunto con alcune idee fondamentali. La prima riguardava la natura, ora considerata semplicemente come un oggetto da sfruttare. L'idea che l'uomo doveva esercitare il suo dominio sulla natura era collegata alla "Genesi", anche se, fino alla rivoluzione industriale, rappresentava solo il pensiero di una esigua minoranza. Mentre, in generale, le diverse culture anteriori mettevano l'accento sull'armonia tra l'umanità e l'habitat naturale che la circondava.

La seconda, prendeva l'avvio da una società industriale nelle sue fasi iniziali, ma che già produceva in serie, assemblando pezzi distinti con l'aiuto di macchine. Infatti, la linearizzazione del tempo e l'idea di un universo eterogeneo e composto da elementi separabili, era indispensabile per il suo sviluppo. In precedenza, l'universo era concepito come un'unità infinita e caotica, e gli esseri umani erano così profondamente legati ai propri antenati e discendenti, e così intimamente uniti al mondo naturale, al punto da condividere la vitalità degli animali, degli alberi, delle rocce e dei fiumi. [11]

In sintesi, il concetto di tempo lineare si è posto come condizione fondamentale per l'accettazione delle idee di evoluzione e progresso. Se il tempo fosse stato percepito come circolare, piuttosto che lineare, probabilmente si sarebbe imposta l'idea che la storia si ripete e che l'evoluzione e il progresso sono solo illusioni.

4.4 - Scarsità ed etnocentrismo

Se, per il buon senso comune, una "società d'abbondanza" designa una società dove tutti i bisogni materiali dei propri membri sono facilmente soddisfatti, l'affermare che, prima del capitalismo, numerose società vivevano nell'abbondanza significa negare che la condizione umana sia una tragedia concertata e che l'uomo sia un forzato che pena perpetuamente in una continua disparità tra bisogni illimitati e insufficienti mezzi. In effetti, sarà il mercato a istituire la scarsità sotto una forma senza precedenti e a un livello mai raggiunto anteriormente. Là, dove la produzione e la distribuzione saranno guidate dal movimento dei prezzi e dove tutti i mezzi di sussistenza saranno legati al guadagno e alla spesa, l'insufficienza dei mezzi materiali diverrà il punto di partenza esplicito e misurabile di ogni attività economica. Mentre, in definitiva, la scarsità non è una proprietà intrinseca, ma l'espressione di un rapporto tra mezzi e finalità.

In tal senso, la scarsità costituisce la sentenza emessa dalla nostra economia, come pure l'assioma di gran parte dell'economia politica: la messa in opera di mezzi rari per la realizzazione di finalità selettive in vista di ottenere il maggior soddisfacimento possibile nelle circostanze date. Ed è, per l'appunto, in quest'ottica che spesso le realtà economiche anteriori vengono descritte attribuendo agli attori delle motivazioni simili alle odierne e delle tecniche estremamente primitive, decretando, in tal modo, la disperata condizione delle popolazioni del passato. Senza dimenticare che, se all'ora attuale, l'immagine che viene offerta delle residue popolazioni "tradizionali" sarà quella di gruppi di miserabili, con magre e instabili risorse, la ragione fondamentali rimanderà al colonialismo, con la sua sequela di distruzioni dell'habitat e delle risorse naturali.

Lo stesso valore teorico attribuito alla tecnologia sembra essere storicamente contingente. Infatti, l'uomo è oggigiorno talmente dipendente dalle macchine, che l'avvenire medesimo della cultura sembra essere assoggettato al progresso di tali mezzi. Con analoghe motivazioni, gli storici e gli economisti occidentali avranno la tendenza a privilegiare il lato tecnologico nello studio dei sistemi economici, a detrimento dell'aspetto qualitativo e del "savoir-faire" a loro proprio. Comunque, già diversi filosofi del passato, avvertivano del "vizio" etnocentrico di fondo del pensiero occidentale. Si ricorda, tra gli altri, l'apporto critico di De Montaigne: "...Se certi fatti ci sembrano straordinari, ciò sarà frutto della nostra ignoranza della natura, non dell'essenza della natura. L'assuefazione indebolisce l'acume del nostro giudizio. I barbari non appaiono per nulla più strani di quanto noi sembriamo a loro ..." [12]

Più recentemente, si ricorderà il fondamentale contributo di Herder, uno dei precursori del Romanticismo: "...Noi consideriamo, come principi generali dell'intelligenza umana, un insieme di idee che, in realtà, cambiano con il luogo e il clima, come la terra che si perde a poco a poco nella confusa nebbia, mentre l'imbarcazione si allontana. Spesso ciò che una nazione considera come essenziale per la natura stessa dell'umanità, non è mai passato per la testa a un'altra, mentre una terza potrebbe addirittura sentirsi offesa da simili considerazioni. ..." [13] Sempre proseguendo nell'argomentazione, si noterà come, sin dalle proprie origini, la cultura occidentale individui il potere politico nei termini delle relazioni gerarchizzate e autoritarie di comando-obbedienza. E come ogni forma, reale o possibile, di potere venga ricondotta a questa privilegiata relazione che ne esprime a priori l'essenza. "...Per cui può accadere che ciò che si situa al di fuori dei cardini della consuetudine, venga anche considerato come fuori dei cardini della ragione; ..." [14]

Ancor oggi, emerge come essenziale l'insistere sulla necessità di criticare e di eliminare i pregiudizi empirici ed etnocentrici, impliciti e operanti in seno alle scienze sociali. In particolare: la spontanea tendenza ad avvicinarsi all'analisi del funzionamento e dell'evoluzione dei sistemi sociali tradizionali, partendo da una visione e da una definizione del ruolo e delle forme dell'economia corrispondente alle società capitaliste e così cercando ogni volta, istituzioni e rapporti economici scindibili e distinti dagli altri rapporti sociali.

In specifico, le diverse posizioni nei confronti dei fenomeni economici nelle società tradizionali variano dal semplice rifiuto di classificarli come appartenenti a un reale "sistema economico" (in quanto rappresentativi di una non ben precisata "mentalità arcaica"), all'assimilazione di tali realtà economiche a una sorta di supposta società originale, nella quale i fenomeni economici rappresente-rebbero la forma semplice di quelli ben più complessi, che si osservano nell'economia moderna. Giungendo, così, a concepire la totalità dei sistemi economici come appartenenti a una specie di continuum, cioè come se fossero, pur a livelli diversi, della stessa natura. Con quest'ultimo procedimento, viene ricostruito un passato storico simile alla nostra epoca, permeato da concetti giuridici che ne sono i corollari: proprietà, contratto, persona morale, etc., ma soprattutto da costruzioni teoriche, quali la legge della domanda e dell'offerta, unitamente alla legge del massimo profitto.[15] Sinteticamente, l'estensione universale dei postulati dell'economia politica classica sembrerebbe corrispondere alla proiezione pura e semplice di uno schema culturale e di un modello storico-sociale particolare, quello della società del libero mercato, sull'insieme delle altre collettività e civilizzazioni.

È a Polanyi [16] che riviene il merito d'avere mostrato che l'economia non occupa, nelle società e nella storia, gli stessi luoghi e gli stessi rapporti sociali e che, invece, cambia incessantemente di forma a seconda del proprio legame con il funzionamento dei rapporti di parentela o politico-culturali. In effetti, un corretto approccio della storia economica, rivela che la logica soggiacente alle società tradizionali è quasi l'inverso di quella che sottintende la teoria politica classica. E, mentre, l'insegnamento ortodosso parte dalla propensione dell'individuo al baratto, deducendone sia la necessità del mercato come pure della divisione del lavoro, per concludere con la necessità del commercio, Polanyi afferma che : "... Il commercio a lungo termine genera spesso mercati, istituzioni che comportano scambi, e, se si usa la moneta, acquisti e vendite, il che può così offrire ad alcuni individui un'occasione per cedere a una presunta propensione a scambiare e a commerciare, evidenziando però sul nascere l'impossibilità di una sua generalizzazione. ..." [17]

Anche Weber, qualche decennio prima, rilevava la dimensione atipica del commercio nelle società tradizionali: "... Al suo inizio, il commercio è una transazione tra gruppi etnici; non avviene tra membri di una stessa tribù o comunità, ma bensì rappresenta un fenomeno esterno, poiché non si dirige che verso delle tribù straniere. ..." [18] Testimonianze analoghe anche se meno sistematiche, si ritroveranno in altri autori, come la seguente di Pirenne : "...Per quanto strano possa sembrare, il commercio medioevale si è sviluppato sin dalle origini non sotto l'influenza del commercio locale, ma sotto quella dello scambio internazionale. ..." [19] Ma, i tentativi di maggior approfondimento in materia rinviano, senz'altro, allo sviluppo dell'antropologia economica. Affermandosi, così, la convinzione che la motivazione del profitto non costituisca una caratteristica naturale dell'uomo. "... Uno dei tratti caratteristici dell'economia primitiva è l'assenza di qualsiasi desiderio di trarre profitto sia dalla produzione che dallo scambio..." [20] Ed, ancora: "... Un'altra nozione che è importante discreditare una volta per tutte è quella dell'*homo economicus* primitivo che si incontra in tutti i manuali di economia politica. ..." [21] Allo stesso modo, concezioni estremamente radicate nella società contemporanea, vengono relativizzate. Mettendo, tra l'altro, in luce come la motivazione al lavoro non sia stata sempre ravvisabile in una retribuzione. "...L'utile, che stimola il lavoro nelle comunità più sviluppate, non svolge mai un ruolo simile nell'ambiente indigeno originale. ..." [22] O, ancora, "... In nessuna parte, in una società che non è stata previamente condizionata, si troverà il lavoro associato all'idea di un pagamento..." [23]

In definitiva, gradualmente, sembra prendere corpo la convinzione che il capitalismo non esaurisca l'intera vita economica, non contenga l'intera società produttiva e non assorba mai completamente, né l'una né l'altra, in un sistema considerabile come particolarmente avanzato.

4.5 - Il cambiamento sociale e individuale

Al giorno d'oggi, un'idea precostituita sembra alterare l'immaginario della gente, facendo loro credere che il mondo che conosciamo si perpetuerà indefinitamente. Risulta, così, difficile concepire una maniera di vivere realmente differente e, di conseguenza, una civiltà totalmente nuova. Di solito, diamo per scontato che niente muterà nel quadro economico e nelle strutture sociali conosciute. Come evidenziato in precedenza, l'origine di simili idee ci conduce indietro nel tempo, agli esordi dell'industrialismo, quando umanità riteneva possibile interpretare il mondo usando schemi mentali semplici, basati sulla linearità dei fenomeni e sulla loro indipendenza, come se la natura fosse una macchina, in cui ogni parte si suppone indipendente dalle altre, pur formando parte di un progetto dove tutto è previsto e noto in partenza.

Una simile concezione del mondo era nata insieme alla fede, divenuta man mano sempre più incrollabile, nei successi della scienza, nella capacità degli esseri umani di comprendere tutti i fenomeni naturali e sociali, usando quegli stessi, semplici, strumenti mentali. Quando un fenomeno non poteva essere spiegato, ci si rifaceva semplicemente alla mancanza di conoscenza o all'insufficiente sperimentazione. Da ciò scaturiva una visione ottimistica del progresso, inteso come sviluppo senza limiti, aldilà delle risorse naturali, e senza pericoli, in quanto totalmente prevedibile, una volta individuate le leggi che lo governavano. Di conseguenza, ogni trasformazione della natura per scopi produttivi veniva considerata come irrilevante per l'equilibrio generale, promuovendo così lo sfruttamento indiscriminato delle risorse naturali.

Tuttavia, è riemersa la consapevolezza che i vari aspetti dell'ambiente naturale sono così strettamente interconnessi che un fenomeno apparentemente insignificante può amplificarsi e produrre effetti in luoghi molto lontani dal suo punto di origine. Parallelamente, inizia ad affermarsi un pensiero che, sfidando ogni legge deterministica, mette in luce come dei sistemi dinamici simili e con identica localizzazione, pur evolvendo nelle medesime condizioni, possano avere dei destini completamente diversi e imprevedibili. La realtà che osserviamo, in effetti, è quella di un mondo in costante mutamento, dove uomini e donne sono solidalmente coinvolti in questa continua trasformazione. In tale scenario, si palesano i limiti delle concezioni basate sul presunto equilibrio interno dei sistemi sociali ed economici, nella loro accezione quasi metafisica, incapaci di affrontare l'intrinseco disequilibrio dinamico della società umana.

Parte 2
L'altra economia

Capitolo 5: Accumulazione materiale e investimenti

5.1 – Premessa

I capitoli precedenti dovrebbero aver stabilito le basi teoriche necessarie per relativizzare il sistema del libero mercato, permettendoci di osservare senza pregiudizi i diversi approcci economici che hanno caratterizzato il passato e che, spesso, persistono ancora. Sebbene, probabilmente, molte delle modalità illustrate non siano più valide, è fondamentale ricordare che hanno comunque evidenziato fenomeni dominanti che si sono mantenuti per secoli, se non millenni. Possiamo riscontrare echi di tali fenomeni anche nei tempi attuali, in forme di manifestazione meno evidenti o quasi nascoste, ma che comunque riescono a innescare dinamiche impreviste nelle comunità coinvolte. Spesso, gli stessi protagonisti agiscono senza consapevolezza delle origini di tali eventi, generando innovazioni economiche di grande efficacia, sia dal punto di vista produttivo che umano. Ci imbarcheremo così in un interessante viaggio attraverso alcune delle civiltà tradizionali del pianeta, mettendo in risalto le innumerevoli soluzioni materiali e produttive sviluppate da queste popolazioni, testimonianza di una fantasia e ingegnosità spesso superiore a quella di tanti governi attuali.

5.2 - Accumulazione e ostentazione

La teoria economica è concorde nell'individuare l'obiettivo dell'accumulazione nella formazione del capitale e nel suo successivo utilizzo produttivo. Si tratterà, quindi, di un capitale non inerte, ma bensì costantemente alla ricerca di investimenti profittevoli. D'altro canto, tale concezione appare talmente assimilata dal pensiero e dalla prassi contemporanea da rendere inconcepibile un capitale che non cerchi di generare un ritorno economico, noto anche come "interesse", "dividendo" o "profitto".

Esistono, comunque, fenomeni che sfuggono a tale logica. Infatti, concentrandoci inizialmente sull'ostentazione, vedremo che il suo ruolo principale è quello di assicurare la visibilità degli status sociali, deviando così una parte del capitale per dei fini apparentemente improduttivi. In genere, l'ostentazione si manifesta durante cerimonie che, attirando un gran numero di partecipanti, garantiscono la massima esposizione dei comportamenti associati all'affermazione dello status sociale.

Gli oggetti utilizzati in queste cerimonie hanno un carattere appariscente, legato alla loro funzione, mentre la propria natura specifica varierà a seconda della società e della sua struttura interna. Tuttavia, si tratta generalmente di oggetti che sono molto apprezzati nelle società in questione.

A livello esemplificativo, si presenterà un caso osservato nelle società dell'Africa sudanese, organizzate in caste. [1] In tali collettività, i "griot" costituiscono una casta particolare di individui dediti alla musica e alla genealogia. Nonostante non producano beni o servizi, ricevono molti doni, che gli permettono di accumulare ricchezze considerevoli. Tuttavia, ai "griot" è proibito sposarsi con famiglie aristocratiche, precludendo loro l'accesso ai gruppi che detengono il potere. In tal modo, i regali che ricevono sfuggono alle leggi che prevalgono in società similari: cioè, i beni di prestigio in loro possesso perdono il proprio valore sociale e non rappresentano più uno status all'interno del gruppo dominante, annullando anche la loro rappresentatività sul piano matrimoniale.

Tuttavia, grazie ai regali offerti ai "griot", il donatore riafferma il proprio prestigio e rango, rendendo la fama derivante da tali doni molto più durevole del loro possesso. In questo contesto, Meillassoux sostiene: "... In un tale sistema, la competizione sociale tra individui di status equivalente si esprime attraverso la generosità dimostrata nei confronti dei 'griot'. In questo modo, si attua il livellamento delle ricchezze che è la contropartita per la preminenza. ..." [2]

Infatti, secondo Meillassoux, tale sfoggio sembra presupporre "... l'esistenza di un modo di circolazione dei beni che consente l'accumulazione di alcuni di essi nelle mani di una categoria sociale dominante e privilegiata...", oltre a richiedere "... una struttura gerarchica attraverso la quale si realizza questa circolazione di prestazioni. ..." [3] Tuttavia, alla luce di altre osservazioni significative [4], il fenomeno dell'accumulazione di beni appare diffuso in quasi tutte le società tradizionali, a prescindere dalla presenza o meno di classi sociali e gerarchie.

Le motivazioni e le finalità dell'accumulazione, però, possono variare tra le diverse comunità, soprattutto se confrontate a quelle della società contemporanea. Infatti, la nostra concezione attuale di accumulazione è strettamente legata all'investimento, mirato ad incrementare la produzione e il capitale.

Al contrario, l'idea di risparmiare per ostentare uno status sociale non riceve la stessa approvazione da parte dell'opinione pubblica e della logica dominante [5], favorendo così la prevalenza di una morale "economicista" che condanna implicitamente l'accumulazione per scopi non produttivi.

D'altra parte, nelle società tradizionali, l'ostentazione e i beni matrimoniali sembrano esercitare una funzione particolare: infatti, distogliendo i beni eccedentari dal consumo e dalla produzione, tali fenomeni impediscono un'accumulazione incontrollata. In questo modo, preservano e salvaguardano l'aspetto egualitario e coesivo della comunità. Inoltre, molti di questi beni, data la loro natura appariscente, richiedono di essere condivisi in vari modi con l'intera società, contribuendo così alla formazione del suo ambiente materiale. Infatti, grazie all'ostentazione, diventano beni di carattere sociale. Consideriamo, ad esempio, le splendide opere d'arte (cattedrali, monumenti, ville, chiese, ecc.) create dalle società del passato, per le quali è difficile distinguere tra una fruizione individuale o collettiva. Al riguardo, Meillassoux afferma: "... Sembra che, all'occorrenza, quando il surplus si materializza sotto forma di beni improduttivi, manifesta meno le differenze di rango se non è perfino utilizzato a ridurle; dato che gli status sono acquisiti in altro modo e rimangono inalterati ..." [6]

In conclusione, nelle società tradizionali, l'accumulazione è prima di tutto uno strumento sociale che, pur modificando profondamente l'intorno materiale e immateriale delle popolazioni coinvolte, esclude generalmente qualsiasi funzione legata alla produzione.

Permane, semmai, il rammarico di constatare che, spesso, alcuni indirizzi dell'antropologia sembrano divenire partecipi di una visione etnocentrica delle società tradizionali, cercando classi sociali ed obiettivi materialistici anche dove non sono mai esistiti. [7]

5.3 - Il Potlatch

Il Potlatch è un'istituzione tipica degli Indiani del Nord-Ovest americano (Tlingit, Kwakiutl, Tsimshian e Haida), anche se si possono individuare forme simili in un ampio numero di società tradizionali [8]. In generale, l'economia di queste tribù indiane è fondata sulla reciprocità: i membri delle tribù vivono grazie all'assistenza costante degli altri nello svolgimento di molte attività (come la caccia e la costruzione), e possono contare sulla donazione di vari oggetti (coperte, pelli, ecc.). Naturalmente, esiste uno stretto obbligo sociale di ricambiare queste gentilezze, sebbene non necessariamente in tempi brevi. Di conseguenza, giungerà inevitabilmente il momento in cui un individuo avrà accumulato una notevole serie di "debiti". E quale modo migliore per saldarli, se non in maniera pubblica e cerimoniale, durante un grande banchetto, noto come potlatch! In merito, Boas afferma: "... È importante capire che un indiano che invita tutti i suoi amici e vicini a un grande potlatch, e che, apparentemente, sperpera tutto il frutto accumulato di lunghi anni di lavoro, ha due obiettivi che noi dobbiamo riconoscere come saggi e degni di lode. Il suo primo scopo è di pagare i suoi debiti. Questo viene fatto pubblicamente, con molta cerimonia e in modo simile a un atto notarile. Il suo secondo obiettivo è di investire i frutti del suo lavoro in modo tale da trarne giovamento sia per sé stesso che per i suoi figli. Coloro che ricevono regali durante questa festa, li accettano come prestiti che utilizzano nelle loro attività correnti, ma dopo un intervallo di alcuni anni, avranno l'obbligo di restituirli con dei premi al donatore o al suo erede. ..." [9]

Pertanto, due concetti sembrano essere al centro del potlatch: quello del credito e del termine, insieme alla nozione di onore. Infatti, in un sistema economico basato sulla reciprocità, i doni devono circolare con la certezza che saranno restituiti, anche se, di solito, ciò richiederà del tempo. Similmente, la nozione di termine sarà implicitamente presente quando si tratterà di ricambiare una visita, contrarre un matrimonio, stipulare alleanze o celebrare una festa.

In un certo numero di casi, nel potlatch non si tratterà di donare o restituire, ma piuttosto di distruggere, senza nemmeno dare l'impressione di aspettarsi qualcosa in cambio. Così, interi barili di olio di balena saranno bruciati, così come case o migliaia di coperte. In questo modo, ci si assicura di far progredire sé stessi e la propria famiglia nel prestigio all'interno della comunità. Parimenti, il capo indiano non potrà mantenere la propria autorità a meno di dimostrare quanto sia favorito dagli spiriti e dalla fortuna, mostrando ciò che possiede grazie al loro favore. E il modo più convincente per farlo sarà, appunto, quello di disperdere o distruggere ciò che ha.

È interessante notare come l'arrivo degli europei, verso la metà del XIX secolo, abbia prodotto una diffusione senza precedenti del potlatch. Infatti, l'introduzione della moneta permise alle popolazioni indiane di acquisire un numero crescente di beni da inserire nelle loro cerimonie. Kilani afferma che: "... A partire dalla fine del XIX secolo, si videro i partecipanti al potlatch bruciare ostentatamente, in un unico momento, centinaia se non migliaia di coperte, decine di canoe e altre quantità significative di beni di valore. Questa situazione (...) quasi fece scomparire completamente il potlatch tra le società che lo praticavano, tanto più che le autorità coloniali, scandalizzate da tali eccessi, approfittarono di questi sbandamenti per rafforzare il loro intervento. ...". [12]

Per inciso si osserverà che l'accresciuta importanza delle pratiche distruttive potrebbe avere una particolare connotazione simbolica: cioè, di esorcizzare gli strumenti di dominio più caratteristici del capitalismo, ovverosia i beni di consumo. Eliminando così, e non solo simbolicamente, la causa delle disparità crescenti e dell'alienazione culturale. Tuttavia, il potlatch dimostrò una tale adattabilità alle circostanze da riuscire a sopravvivere a decenni di divieti, pur mantenendo una dimensione meno appariscente. Ancora recentemente, il potlatch rimaneva una pratica comune tra gli indigeni della costa nord-occidentale, costituendo un'espressione privilegiata della loro identità etnica in un contesto sociale ed economico che si mostrava ostile. [13]

Un altro aspetto importante del potlatch concerne l'obbligo di invitare il maggior numero di persone possibile. "... È necessario invitare chiunque possa e desideri, o decida di partecipare alla festa, al potlatch. L'oblio ha conseguenze nefaste. ..." [10]

Ricordiamo che, probabilmente, un sentimento simile ha dato vita a un tema caro al folklore europeo: quello della fata maligna non invitata a un battesimo o a un matrimonio. Infine, per organizzare un potlatch, normalmente si deve contrarre un debito, generando così un intero sistema di obblighi reciproci. In tal direzione, alcuni antropologhi [11], ritengono di individuare una stretta correlazione con l'investimento, dato che, tramite il Potlatch, oltre ad estinguere un debito si utilizzeranno i propri beni in modo vantaggioso.

Il fenomeno del potlatch, nella sua dimensione economica, svolge pienamente le funzioni di accumulazione e investimento, in una forma forse più sofisticata di quella espressa dalla società occidentale contemporanea. Infatti, nella pratica del potlatch non è necessario applicare tutte quelle norme e strutture giuridiche coercitive tipiche della nostra civiltà, mantenendo invece la fiducia reciproca come elemento chiave. Tuttavia, le finalità sono sostanzialmente differenti: l'accumulazione e l'investimento implicati nel potlatch agiscono come strumenti per mantenere la solidarietà e la coesione all'interno della comunità, rendendo l'aspetto economico poco rilevante. Attraverso il potlatch, un individuo crea una fitta rete di obbligazioni reciproche che, più di qualsiasi altra struttura, assicurano il benessere materiale sia per lui che per la sua famiglia. In questo contesto, la percezione stessa dell'intorno materiale viene trasformata da un'accresciuta sicurezza nel futuro. In queste società, infatti, sono principalmente gli obblighi sociali, i diritti e i doveri nei confronti degli altri membri della comunità ad accumularsi costantemente. Di contro, i beni materiali accumulati rappresentano soltanto la manifestazione tangibile di tali relazioni sociali.

Ancor oggi, soprattutto all'interno delle comunità di piccole dimensioni, si possono osservare fenomeni economico-sociali molto simili. Ad esempio, in molti villaggi del Sud Europa, i più agiati investono gran parte della loro fortuna nella magnificenza, organizzando feste sontuose e offrendo doni, dimostrando al contempo un apparente disinteresse per i beni materiali.[14] Così facendo, oltre a sottolineare la propria superiorità, questi "signori" ottengono una legittimazione sociale per le richieste che inevitabilmente faranno alla popolazione: assistenza nei lavori agricoli, appoggio politico, sostegno alle proprie iniziative, e così via.

In modo analogo, spesso tra i giovani e all'interno di gruppi marginali, si possono rintracciare comportamenti simili: interi piccoli patrimoni, accumulati in modi variegati, vengono spesso dissipati collettivamente nell'arco di poche ore in occasione di feste o celebrazioni. Oppure, si organizzano banchetti colossali per celebrare la squadra del cuore o l'ultima conquista amorosa. In sintesi, si tratta di una serie di riti accomunati dall'obiettivo di ottenere accettazione e benevolenza dagli altri, rafforzando allo stesso tempo la coesione del gruppo. Infine, a un livello diverso, vale la pena menzionare certi approcci alla gestione del personale nelle aziende moderne [15], basati su una notevole dose di ostentazione e generosità da parte della direzione aziendale. Tale munificenza non è certamente gratuita, ma è invece volta a raccogliere il consenso collettivo intorno agli obiettivi dell'impresa e a migliorare sia la qualità che l'intensità della produzione. Quindi, a ben vedere, si tratterà di fenomeni economici tra loro simili e che solo apparentemente possono considerarsi inerenti al consumo, mentre in realtà appaiono ben più relazionabili con l'investimento.

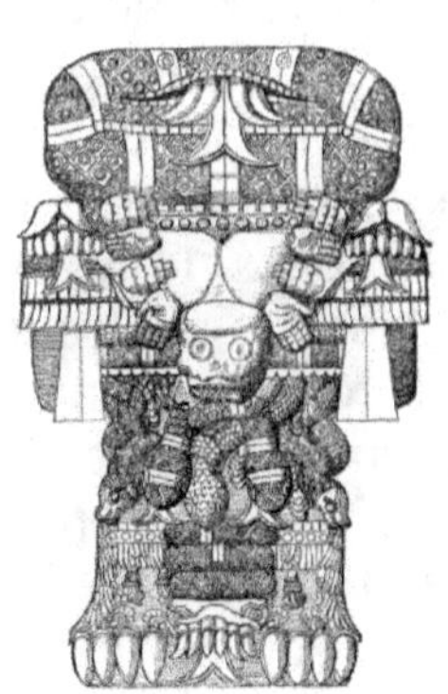

Capitolo 6: Bisogni e produzione

6.1 La percezione dei bisogni - 6.2 Lo spirito delle cose - 6.3 Tonga e hau
presso i Maori - 6.4 Pesi e misure del passato - 6.5 Il senso del lavoro
6.6 Giardini e giardinieri della Nuova Bretagna

6.1 - La percezione dei bisogni

Nell'approccio ad alcuni fenomeni economici legati alla produzione nelle società tradizionali, è imprescindibile avviare una riflessione preliminare. L'etnologia e l'antropologia hanno storicamente privilegiato una dettagliata classificazione delle tipologie produttive e la descrizione delle diverse attività ad esse congiunte, trascurando però le motivazioni e i valori culturali che le caratterizzano in modo originale. Facendo mostra di un radicato etnocentrismo e di una certa reticenza nella messa in discussione dell'attuale modo di percepire i bisogni.

In questo contesto, diventa imprescindibile ricordare come il capitalismo, raggiunta l'apice dello sviluppo materiale, leghi indissolubilmente la propria cultura al principio dei "bisogni infiniti". Rendendo, così, difficile comprendere che: "... I popoli più primitivi del mondo hanno pochi beni, ma non sono poveri. Perché la povertà non consiste in una scarsa quantità di beni, né semplicemente in un rapporto tra mezzi e fini; è prima di tutto una relazione tra uomo e uomo, uno status sociale..." [1] Difatti, là dove i bisogni sono interpretati come "limitati", la produzione e il lavoro correlato possono determinare dei confini, giacché non esiste alcuna necessità di persistere fino all'esaurimento delle capacità fisiche.

Là dove la cultura tradizionale persiste, si possono ancora rilevare dinamiche e comportamenti legati alla percezione dei bisogni che non rientrano facilmente nelle abituali categorie della teoria economica. In molte comunità rurali con un'economia dominata dall'auto-produzione, la nozione di bisogno acquista significati peculiari. Vi è un impegno primario nel ricercare un appagamento immediato e non mercificato a un'esigenza emergente, possibilmente con l'ausilio di parenti o vicini, considerando l'opzione di ricorrere al circuito commerciale solo come un'alternativa secondaria. Per citare un esempio significativo, nelle società tradizionali, le varie opzioni produttive sembrano dipendere più da una propria efficacia simbolica e religiosa che da un'utilità materiale.

Si ritiene che anche l'addomesticamento e l'allevamento degli animali sia stato ideato per placare le pulsioni ossessive degli individui. Pertanto, non avrebbe avuto origine nel principio di realtà, ma piuttosto nel principio di piacere, attraverso una creazione fantasmagorica. A questo proposito, Géza Roheim [2] sostiene che inizialmente gli animali domestici sono stati adottati come rappresentazioni simboliche del padre, della madre e dei bambini, scoprendone solo più tardi l'utilità pratica. Questa ipotesi trova ulteriore sostegno nella generalità degli studi sui totem, mentre che, ancora oggi, alcune tribù della Nuova Guinea allevano maiali come se fossero i loro figli. [3]

In conclusione, ritroviamo analoghe motivazioni nell'invenzione dell'agricoltura. Infatti, non solo molte tribù hanno adottato una pianta come totem (simbolizzando in tal modo un antenato comune), ma soprattutto quasi tutti i riti ancora esistenti testimoniano del legame tra agricoltura e fecondità. La stessa parola "seme" è sufficientemente eloquente. Per non parlare dei numerosi miti e racconti che evocano la connessione tra l'agricoltura e l'attività sessuale: come il rapimento di Proserpina, per citarne uno; o gesti ancestrali come quello di spargere grano, riso o legumi sugli sposi novelli. [4]

6.2 - Lo spirito delle cose

L'addomesticamento degli animali e il ruolo dei totem ci offrono uno sguardo approfondito su come le società tradizionali percepivano i bisogni e gli oggetti che le circondavano. È fondamentale riconoscere che la nostra interpretazione della natura è fortemente influenzata dalle concezioni occidentali, dove gli approcci verso la gestione della natura, spesso diretti, assertivi e talvolta bruschi, sono distintivi. Tuttavia, in alcune tradizioni agricole dell'Asia, ad esempio, l'attenzione è posta sulla rimozione degli ostacoli che potrebbero interferire con la crescita delle piante, optando per un'azione più indiretta. Questa filosofia si contrappone all'approccio proattivo e diretto tipico di molte pratiche agricole europee o nordamericane

Sempre al riguardo della percezione degli oggetti, lo stesso Poirier osservava che: "... Un aspetto universale e fondamentale delle società antiche risiede nella concettualizzazione imperfetta dell'oggetto.

Stabiliremo come principio che, nell'arcaismo, l'oggetto è sempre più o meno soggettivato.

Ciò significa che la persona del proprietario si lega a ciò di cui si appropria, che tra loro esiste una rete di forze, una circolazione di dinamiche religiose che non possono essere ridotte a un semplice rapporto economico o a una relazione giuridica..." [5] Al giorno d'oggi, tendiamo a tracciare una netta distinzione tra diritti reali e diritti personali, considerandola una delle fondamenta stesse del nostro attuale sistema di proprietà, alienazione e scambio. Tuttavia, un confronto tra il diritto arcaico e romano e il diritto germanico può gettare luce su alcune questioni complesse riguardanti il rapporto tra diritto personale e diritto reale. A questo proposito, Mauss[6] identifica nel "nexum" romano e nel "wadium " germanico, elementi ricorrenti nei contratti di scambio di queste due società, non soltanto una pratica di scambio di pegni volti a creare una sorta di connessione magica, ma un autentico trasferimento di oggetti animati. In questo contesto, tali transazioni aggiuntive illustrano un flusso reciproco di spiriti e oggetti intrecciati tra loro: il "nexum", il vincolo legale, trae origine tanto dalle cose quanto dagli individui.

Inizialmente, è indubbio che gli oggetti stessi possedessero una personalità e una potenza propria: la "familia" romana comprendeva le cose, non solo le persone. Il significato del termine "familia" abbracciava le "res" (cose) che ne facevano parte, estendendosi fino a denotare i beni di sostentamento e i mezzi di sopravvivenza della famiglia stessa. Le cose, inoltre, erano distinte in due categorie. Si faceva una differenziazione tra "familia" e "pecunia", tra i cosiddetti oggetti della casa (schiavi, cavalli, muli, asini) e il bestiame che viveva nei campi, lontano dalle stalle. Si distingueva inoltre tra le "res mancipi" e le "res nec mancipi", a seconda delle modalità di vendita. Per i beni appartenenti alla "familia", rappresentando gli averi più preziosi, era indispensabile la forma solenne della "mancipatio", del "capere manu" (presa in mano). Sembra quasi che i Romani tracciassero una distinzione fondamentale, ancora presente oggi in Germania e Italia, tra i beni duraturi ed essenziali della casa e gli oggetti di natura transitoria: provviste, bestiame lontano dalla dimora, metalli, denaro. Si può quindi capire in che modo, attraverso le cose ottenute tramite la solenne "mancipatio", si instauri tra le parti non solo un vincolo legale, ma anche come questi beni, nelle mani dell'"accipiens" (compratore o ricevente), continuino a rappresentare un'estensione della 'familia' del primo proprietario.

In parallelo, nella tradizione germanica, in ogni tipo di contratto emerge l'importanza del pegno (wadium). L'oggetto dato in pegno si trasforma in un legame, poiché si carica dell'individualità del donante; il fatto che si trovi nelle mani del destinatario spinge il contraente a liberarsi tramite l'adempimento del contratto, riacquistando così l'oggetto dato in pegno. In questo contesto, il "nexum" risiede nell'oggetto stesso e non solo negli atti magici o nelle forme solenni del contratto; Succede come nei "testi", negli "atti" di valore magico, nei "tagli" in cui ogni parte conserva la sua quota oppure nei pasti presi in comune, dove ognuno partecipa alla sostanza dell'altro.

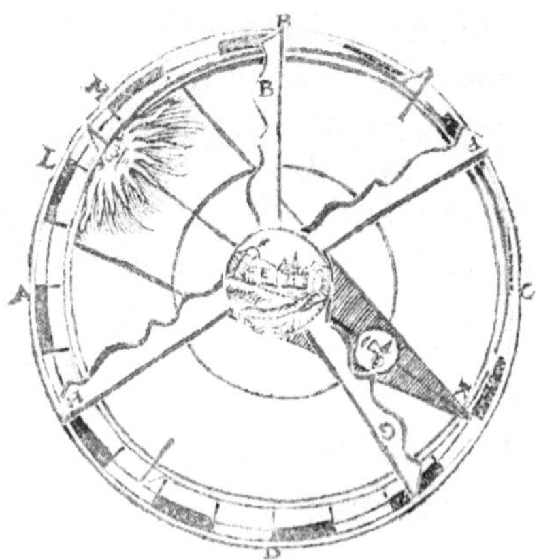

Due elementi della "wadiatio" mettono in luce l'energia intrinseca dell'oggetto. Prima di tutto, il pegno non solo obbliga e vincola, ma coinvolge anche l'onore, l'autorità, il "mana" di chi lo fornisce. (...) Un secondo aspetto evidenzia il rischio insito nel ricevere il pegno. Infatti, non è solo chi lo offre che si impegna, ma anche chi lo riceve si lega. (...) L'intero rituale assume le sembianze di una sfida e della diffidenza, esprimendole entrambe. Del resto, ancora oggi, l'espressione inglese di "dare in pegno" ha una certa somiglianza con "throw the gauntlet" (lanciare il guanto di sfida). Il punto basilare è che il pegno, così come l'oggetto donato, contiene un pericolo per entrambe le parti coinvolte..." [7]

Da ultimo, si osserverà come il pericolo rappresentato dalla cosa donata sia particolarmente presente nell'antico diritto e nella primitiva lingua germanica. il duplice significato della parola inglese "gift", interpretato sia come dono che come veleno. "...Il tema del dono maledetto, del regalo o del bene che si trasforma in veleno, riveste un ruolo fondamentale nel folklore germanico.

L'oro del Reno porta sventura al suo conquistatore, la coppa di Hagen diventa tragica per l'eroe che vi beve; innumerevoli racconti e romanzi di questo genere, germanici e celtici, influenzano ancora la nostra sensibilità..." [8]

6.3 - *Tonga* e *hau* presso i Maori

Proseguendo nell'esplorazione dell'"anima delle cose", concentreremo ora l'attenzione su un caso illustrato da Mauss[9], riguardante la società polinesiana dei Maori. Questo popolo utilizza il termine "tonga" per riferirsi indifferentemente a oggetti che fanno parte del corredo femminile, decorazioni, talismani, idoli sacri, tradizioni e rituali, considerandoli come la proprietà in senso stretto e come ciò che, unicamente, avrà la facoltà di rendere ricchi e influenti. Nella teoria del diritto e della religione Maori, i tonga sono il mezzo attraverso cui una persona o un clan manifesta il proprio "mana", ovvero la sua forza magica, religiosa e spirituale. In tal senso, i tonga possiedono un proprio spirito o "hau" che, in caso di donazione, agisce in modo tale che gli oggetti in questione tendono a ritornare al proprio luogo d'origine, generando anche una pericolosa presa mistica del donante sul destinatario.

Il testo fondamentale di Elsdon Best[10], che viene citato da Mauss[11], fornisce una chiave di lettura per il problema: "...L'hau non è il vento che soffia. Assolutamente no. Supponiamo che tu possieda un determinato oggetto (tonga) e che tu me lo dia; me lo doni senza un prezzo concordato. Non stipuliamo alcun accordo su di esso. Ora, dono questo oggetto a una terza persona che, dopo un certo lasso di tempo, decide di restituire qualcosa in pagamento (utu), mi fa un regalo di qualcosa (tonga). Ora, questo tonga che mi offre è lo spirito (hau) del tonga che ho ricevuto da te e che ho passato a lui. I tonga che ho ricevuto in cambio di questi tonga (provenienti da te) devo restituirteli. Non sarebbe giusto (tika) da parte mia trattenere questi tonga, che siano desiderabili (rawe) o sgradevoli (kino). Devo restituirteli perché sono un hau del tonga che tu mi hai dato. Se tenessi per me questo secondo tonga, potrebbe causarmi del male, seriamente, persino la morte. Questo è l'hau, l'hau della proprietà personale, l'hau dei tonga, l'hau della foresta..."

Pertanto, l'oggetto (tonga) non è inanimato, neanche quando il proprietario decide di separarsene; anzi, rimane come una parte di sé [12]. Il proprio hau cercherà sempre di tornare al luogo di origine, al suo clan, al suo proprietario. Questa concezione, essenziale per il sistema polinesiano della reciprocità, introduce l'idea (ancora attuale) che donare qualcosa a qualcuno significhi regalare una parte di sé. Di conseguenza, accettare un oggetto da qualcuno significa anche accettare una parte della sua essenza spirituale. Pertanto, un'eventuale appropriazione illecita dell'oggetto in questione diventa pericolosa e potenzialmente letale, grazie al potere magico e religioso (mana) che il legittimo proprietario esercita attraverso di esso.

Nella società occidentale moderna, dominata da un diffuso materialismo, si riscontrano soltanto dei frammenti di tali concezioni animistiche, sebbene la loro importanza sia tutt'altro che trascurabile. Infatti, è proprio l'abilità artigianale a conferire unicità e irripetibilità al suo prodotto; similmente, la mano del pittore o dello scultore dona vita alla tela o alla pietra. Per concludere, in relazione a hau e doni, vale la pena ricordare la diffusa credenza popolare secondo cui si dovrebbe evitare di rigirare come dono un oggetto precedentemente ricevuto come tale. O che dire dell'usanza, in caso di rottura di un fidanzamento, di restituire reciprocamente i regali e le lettere scambiate nel corso della relazione?

6.4 - Pesi e misure del passato

Mentre si passeggia tra i vivaci mercati di quartiere o tra le file di bancarelle alle fiere, è ancora comune riscontrare echi di misure antiche ormai cadute in disuso, come la "libra bat, libra erdi" [13]. Ci si può anche imbattere nell'utilizzo di un sistema di calcolo intero che si basi su un'unità minima equivalente al cinque del sistema decimale. Terminologie come "biolca" [14] risuonano ancora nell'aria, testimoni di una tradizione di misurazione che, seppur meno presente, continua a resistere nel tempo [15].

Le comunità in svariate regioni geografiche persistono nell'usare terminologie relative alle unità di peso e misura tradizionali, pur conferendo spesso loro dei corrispettivi basati sui parametri attuali. Questa abitudine si dimostra particolarmente resiliente considerando i quasi due secoli che sono trascorsi dall'adozione unificata del sistema metrico decimale. Tale resistenza potrebbe trovare giustificazione nel fatto che le misure tradizionali non possiedono la stessa astrattezza e neutralità di quelle contemporanee. Al contrario, rimandano a simboli e valori profondamente radicati nel tessuto culturale di una specifica società.

La padronanza dei pesi e delle misure è da sempre stata considerata un indicatore fondamentale di civilizzazione, anche se è ormai acclarato che la loro invenzione e diffusione non sono merito esclusivo dell'uomo occidentale. Le società tradizionali, infatti, vantavano da tempo propri sistemi di peso e misura. Nel XVI secolo, Pigafetta, esprimendo ammirazione per una popolazione indigena del Sud America, affermava: "Queste persone vivono con giustizia, peso e misura..."[16] L'approccio dell'uomo moderno e civilizzato verso le misure riflette l'incredibile evoluzione di un tipo di pensiero quantitativo e astratto.

Da un ampio spettro di possibili aspetti eterogenei di un oggetto, ne estraiamo uno solo. Realtà di diversa natura, come un passo umano, una strada verso la chiesa, un pezzo di tessuto o l'altezza di un albero, diventano commensurabili se esaminate dallo stesso punto di vista, cioè dalla loro lunghezza. Inoltre, la perfetta divisibilità e il carattere cumulativo del sistema metrico permettono di mettere a confronto grandezze estremamente disparate, da quelle immense a quelle minime.

Evolvendosi parallelamente al mercato, il sistema metrico non si è limitato a riflettere i cambiamenti in corso nella mentalità collettiva, ma ha contribuito attivamente alla loro trasformazione. La visione predominante nelle società tradizionali percepiva gli oggetti in modo sintetico e qualitativo, cogliendo tutti gli aspetti inerenti alla qualità in un unico colpo d'occhio. In questo contesto, una stoffa, un tavolo, una strada e un fiume non avevano nulla in comune. Ogni elemento era radicalmente diverso dall'altro e doveva essere considerato con la sua misura specifica [17].

Nell'ambito dell'espansione del sistema di libero mercato, l'adozione del sistema metrico da parte degli stati ha assunto un significato simbolico, rispecchiando sia le trasformazioni già avvenute sia quelle previste per il futuro. Nel linguaggio grandioso della Rivoluzione francese, l'obiettivo era di creare una misura universale, adatta a tutti i popoli e a tutte le epoche. E, proprio come la merce, la misura dovette subire un processo di estraneazione. Il prodotto artigianale, realizzato a mano secondo le specifiche esigenze del cliente, porta in sé l'impronta di entrambi: ogni artigiano ha un suo stile distintivo e ogni acquirente le proprie richieste personalizzate. In altre parole, ogni prodotto artigianale, oltre ad essere unico e insostituibile, possiede una sua misura specifica.

Una dimensione che potrà essere ritenuta ottimale da alcuni e non idonea da altri, ma che in ogni caso sarà una misura le cui dimensioni reali sono determinate ogni volta da un diretto rapporto umano. Al contrario, le caratteristiche dei prodotti industriali devono essere astratte, proprio come il loro valore. La misura diventa così impersonale e moralmente neutra, perdendo la sua dimensione umana. [18]

Tutti i sistemi di misurazione precedenti al sistema metrico erano basati su misure significative. Tra tutte le caratteristiche di un terreno, le dimensioni geometriche avevano una rilevanza minima rispetto agli aspetti qualitativi. "... Quando si misura una qualità o, più precisamente, diverse qualità, bisogna stabilire indici misurabili per valori non misurabili. Tra le numerose qualità di un campo, due sono essenziali per l'uomo: la quantità di tempo necessario per ararlo e la quantità di grano che se ne ricava; ma, poiché i raccolti subivano notevoli variazioni di anno in anno, si prendeva come indice la quantità media di seme. ..."[19].

A prima vista, ogni società tradizionale può sembrare caratterizzata da un'apparente mancanza di ordine nelle misure. Tuttavia, tale percezione dipende esclusivamente dall'etnocentrismo radicato in Occidente, che etichetta come caotica ogni situazione sociale e culturale estranea [20].

Al contrario, i diversi metodi di misurazione tradizionali avevano un profondo significato sociale e non vi era spazio per l'improvvisazione. La metrologia antica si basava su un codice morale ben definito e su precisi regolamenti, e qualsiasi infrazione era considerata come una grave violazione delle norme socialmente stabilite, suscitando una ferma resistenza.

Nell'epoca contemporanea, il prezzo rappresenta una quantità di denaro correlata a una quantità di merce. Quando il prezzo di un prodotto varia, si tende a dire che la quantità di denaro necessaria per ottenerlo aumenta o diminuisce. Tuttavia, il fatto che le fluttuazioni di mercato si manifestino attraverso il cambiamento del valore monetario di una determinata quantità non rappresenta nessuna esigenza sociale.

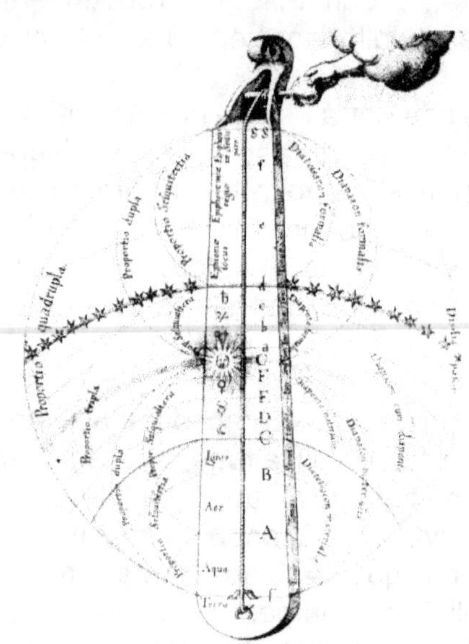

La storia ci offre testimonianza di altri metodi per affrontare questo fenomeno. In effetti, nella società feudale, la misura non doveva necessariamente rimanere immutata.

Si credeva che un mercante avesse il diritto di utilizzare misure diverse per l'acquisto e la vendita, ma non quello di modificare il prezzo di una merce senza commettere un peccato.

Spesso si manteneva la stabilità dei prezzi attraverso l'utilizzo di due misure diverse: una nel luogo di produzione e l'altra nel luogo di consumo del bene; il prezzo rimaneva quindi identico, nonostante la misura fosse più generosa nel luogo di produzione. In questo modo, tale differenza di misura copriva le spese di trasporto e offriva un tornaconto al commerciante.

Secondo Kula, "... In questo sistema coerente e profondamente radicato nella psicologia delle società pre-industriali, la complessità della situazione economica e le differenze tra il luogo di acquisto e quello di vendita, tra la regione che produce un surplus alimentare e la regione incapace di provvedere ai propri bisogni, tra la vendita all'ingrosso e la vendita al dettaglio, tra il prestatore e il debitore, si esprimono attraverso la diversità dei pesi e delle misure, o, in altre parole, attraverso una quantità variabile di merce che corrisponde a un prezzo costante. Nella società industriale, è la variazione dei prezzi corrispondente a una misura invariabile a tradurre gli stessi rapporti. ..." [21].

Ma, lontano dall'essere un fenomeno esclusivamente europeo, uno studio condotto sull'Africa occidentale durante l'epoca precoloniale rivela che queste società conoscevano sia misure femminili ("deboli") utilizzate per la vendita, sia conoscevano misure maschili ("forti") destinate agli acquisti. Inoltre, le misure erano più grandi nei villaggi e più piccole nelle città, con la differenza che serviva, anche in questo caso, per coprire le spese di trasporto e il beneficio del commerciante [22].

In conclusione, la nozione di misura, la sua comprensione e la specifica grandezza della misura non sono semplicemente strumenti tecnici, ma rappresentano una delle categorie fondamentali del pensiero umano. Nei ragionamenti delle società preindustriali, l'importanza della qualità rispetto alla quantità è evidente sia nelle misure agricole che in altre misurazioni utili. Questa sembra costituire un aspetto primordiale della mentalità tradizionale, che si vedrà persistere per dei secoli interi e che solo con l'industrialismo, lentamente, scomparirà.

6.5 - Il senso del lavoro

Supporre che l'unico incentivo al lavoro risieda nell'attesa di un compenso risulta essere un'interpretazione alquanto superficiale. Ancor oggi, per un ampio numero di individui, l'occupazione si configura come lo strumento primario per instaurare un rapporto autentico con gli altri, appagando allo stesso tempo il legittimo bisogno di sentirsi utili alla società. Basta posare lo sguardo sulla desolazione e l'isolamento che affliggono i pensionati, spesso privati prematuramente del loro ruolo produttivo. Anche i volti dei disoccupati che attendono il loro sussidio non riflettono gioia, nonostante il valore di tale sussidio, in molte nazioni, sia quasi paragonabile a un salario pieno. Se si adotta una visione puramente economicista, questi ultimi due esempi sembrano a prima vista paradossali. Dopo tutto, perché dovrebbero tormentarsi se ricevono un compenso senza il minimo sforzo? Fortunatamente, e in verità, dobbiamo riconoscere che siamo ancora condizionati da un altro genere di gratificazioni che affondano le loro radici nella lunga storia dell'umanità.

Nelle società tradizionali, l'incentivo al lavoro non è dettato dal compenso; esistono ragioni molto più profonde, che vanno dal rispetto per la tradizione alla ricerca del prestigio sociale, sebbene quest'ultimo sempre rimanga nell'ambito dei valori stabiliti. Con tutto ciò, in genere l'impegno produttivo è circoscritto sia in termini di tempo che di intensità. Le osservazioni di Richards [23], riferite a certe popolazioni africane [24], indicano che il tempo medio giornaliero dedicato al lavoro si aggira intorno alle quattro ore e mezza. Sahlins [25] fornisce un dato simile per le tribù dell'Amazzonia; d'altra parte, Guillard [26] calcola una media annuale di 189 giornate dedicate alle attività produttive nel nord del Camerun. E, senza necessità di spostarsi troppo lontano, è utile ricordare la miriade di festività religiose che riducevano notevolmente il calendario lavorativo dell'Europa preindustriale. [27]

Riguardo al rapporto con il lavoro nelle collettività che ci hanno preceduto, il seguente aneddoto di Poirier è esemplificativo: "... Su un'isola al largo della costa occidentale del Madagascar, due Malgasci, dopo aver disboscato una porzione di foresta, si stavano preparando per il pasto, cucinando del riso.

Sulla spiaggia, un pescatore chiacchierava con loro; stimolato dal profumo del cibo che cuocevano, dichiarò che avrebbe pescato un pesce. Si alzò e spinse la sua piroga nelle acque profonde.

I due Malgasci gli gridarono di portare altri due pesci, offrendogli un pagamento in cambio. L'uomo si allontanò senza rispondere, remando con la sua piroga a bilanciere, verso la barriera corallina dove avrebbe potuto facilmente catturare diverse specie di grossi pesci; fece ritorno dieci minuti dopo con un unico grande pesce, che fece cuocere sul fuoco. Aveva optato per un minimo sforzo, capace di soddisfare i suoi bisogni senza strafare, piuttosto che per una ricompensa ..." [28]

Per quanto riguarda l'organizzazione dell'attività produttiva, in queste società, assumevano un ruolo di particolare rilevanza i lavori con finalità collettive, quali il disboscamento, l'irrigazione, i banchetti, le celebrazioni e così via. Godelier, a questo proposito, osserva che "... nelle società di cacciatori-raccoglitori, tra le più egualitarie, come ad esempio i Pigmei dello Zaire, i gruppi locali interrompevano di tanto in tanto la caccia o la raccolta per il loro sostentamento quotidiano, dedicandosi invece a ottenere il necessario per la celebrazione di cerimonie religiose, i rituali funerari, le iniziazioni, e così via, ovvero curando gli interessi comuni a tutti i gruppi locali.

Questo "lavoro" straordinario si distingueva da quello abituale, che i membri di un gruppo riservano alla loro sopravvivenza e a quello del loro clan, poiché era direttamente finalizzato alla realizzazione di obiettivi che appartenevano indifferentemente a tutta la comunità. Era un impegno che spesso si rivela più intenso rispetto a quello quotidiano, poiché dovevano provvedere ai banchetti collettivi, sacrifici, e così via. ..." [29]

Inoltre, è importante notare come il lavoro spesso implichi atti simbolici, generalmente diretti alle divinità protettrici della riproduzione della natura e considerate responsabili del successo del raccolto o della caccia. "... Questa componente simbolica del processo lavorativo costituisce una realtà sociale altrettanto tangibile quanto le azioni materiali esercitate sulla natura, anche se il suo scopo, le sue motivazioni e la sua organizzazione interna rappresentano altrettante realtà ideali, la cui origine si rintraccia nel pensiero che interpreta l'ordine occulto del mondo e organizza l'azione sulle forze che lo governano. ..." [30]

Nella sua fase originaria, anche la civiltà occidentale attribuiva alle attività produttive un significato non molto differente. Nella lingua greca antica, non esisteva un termine specifico per "lavoro". Un insieme eterogeneo di attività, che comprendeva la medicina, la divinazione e la tessitura tra le altre, veniva denominato "technai". Queste attività presupponevano l'utilizzo di procedure segrete, di un sapere specialistico legato a un lungo periodo di apprendimento e a un'iniziazione esterna al contesto familiare.

Anche la stessa creazione di un oggetto non era percepita come un'opera di trasformazione della natura, ma piuttosto come un movimento (kinesis) volto a produrre una forma (eidos) in una materia. Il movimento aveva il compito di attivare nell'individuo una forma, le cui modalità di utilizzo rappresentavano una "techne" e includevano dei processi più o meno segreti. L'agricoltura, però, era vista in una luce differente. Ogni cittadino greco aveva il diritto, e allo stesso tempo il dovere, di praticarla, ma non richiedeva un apprendimento prolungato e segreto, in quanto l'agricoltura era considerata un nobile atteggiamento nei confronti degli uomini e una manifestazione di devozione rivolta agli dèi. [31]

6.6 - Giardini e giardinieri della Nuova Bretagna

In generale, nell'ambito sociale di una comunità, vi sono costumi e tradizioni pressoché imprescindibili per chiunque aspiri a un'accettazione piena e sincera. Le pratiche correlate possono variare da paese a paese, da nazione a nazione, ma non perdono per questo la loro straordinaria rilevanza. Spesso, il successo sociale o, all'opposto, l'emarginazione, sono direttamente correlati alla capacità individuale di conformarsi a queste radicate convenzioni. Ciò nonostante, l'onnipresenza del potere del denaro tende ormai a offuscare e corrompere il loro autentico significato.

Lontano dall'orbita della civiltà occidentale, possiamo individuare un esempio intrigante nel caso tratto da uno studio condotto da Michel Panoff [32], che riguarda la popolazione Maenge della Nuova Bretagna. Il tempo dedicato dai Maenge alle attività produttive si attesta mediamente sulle quattro ore giornaliere, coerentemente con quanto osservato in precedenza in altre società tradizionali.

Tale tempo è quasi interamente dedicato al giardinaggio, in particolare alla coltivazione del taro. [33] Naturalmente, le risorse della foresta arricchiscono l'alimentazione quotidiana, così come crostacei e frutti di mare, sebbene in maniera più occasionale. In effetti, la raccolta dei prodotti della foresta è un'attività svolta principalmente da bambini e giovani ragazze, mentre la pesca, sebbene utilizzando tecniche altamente elaborate, coinvolge gli adulti solamente una media di sei volte all'anno.

Al riguardo, Panoff osserva: "... Di un uomo che trascorre molto più tempo degli altri a pescare o a raccogliere granchi nella mangrovia, si dice che trascura il suo giardino e manca di serietà. Viene facilmente paragonato agli adolescenti (taulei), una classe d'età che gode di grande libertà, ma le cui azioni non si suppone abbiano conseguenze significative. ..." [34]

Sottolineando che l'artigianato in quanto funzione specializzata è marginale e che il commercio non trova posto all'interno di queste comunità, si può concludere che il giardinaggio rappresenta l'attività produttiva per eccellenza. Questa viene suddivisa in compiti maschili, femminili e condivisi: ai primi sono affidate le attività che richiedono un elevato dispendio di energia muscolare in breve tempo (abbattimento di alberi, costruzione di palizzate, etc.), mentre alle donne spettano i compiti che richiedono una maggiore perseveranza, pazienza e attenzione ai dettagli (semina, raccolta, etc.). Questa dicotomia sembra riflettere schemi riscontrabili in altre società, anche se in questo caso non si traduce in due visioni contrapposte del lavoro di giardinaggio. Infatti, quest'attività, il cui obiettivo principale non è il rendimento, richiede competenze comuni a entrambi i sessi. In realtà, l'aspetto produttivo assume rilevanza solo inizialmente, durante la scelta del terreno e della varietà di taro da coltivare. Una volta che queste esigenze sono soddisfatte, diventa il senso estetico e la capacità di previsione nello svolgimento delle proprie attività di giardinaggio a suscitare l'ammirazione dei vicini. "... La bellezza del colpo d'occhio all'ingresso del giardino, la buona disposizione degli spazi piantati, la pulizia del suolo, il buon profumo che deve accogliere il visitatore e, infine, quella sottile armonia di colori che creano le foglie delle diverse varietà di cordyline, di taro e di canna da zucchero: questi sono infatti gli elementi di valutazione che determineranno una reputazione nello spirito dei concittadini. ..." [35]

Anche gli odori sembrano svolgere un ruolo significativo nel successo di un giardino: un profumo gradevole sarà infatti indice di fertilità, mentre un orto coltivato su terreno eccessivamente sfruttato sarà contraddistinto da un cattivo odore. Nello stesso modo in cui le streghe lasceranno dietro di loro un puzzo insopportabile ed i malati avranno un odore sgradevole, mentre gli adolescenti rigenerati dai riti di passaggio, saranno descritti come purificati da ogni impurità e fragranti.

Ciò che è stato detto finora serve a sottolineare come la valutazione estetica di un giardino consideri un insieme coerente di elementi. In questa circostanza, è importante notare la seconda qualità richiesta ai giardinieri: la previsione, vista come inseparabile dall'aspetto estetico. Infatti, la fertilità di un terreno, segnalata da un buon odore, non sarà mai un dono gratuito, ma richiederà una serie di operazioni accuratamente coordinate e, quindi, preparate con grande precisione. Queste operazioni avranno principalmente un carattere magico e culturale, poiché l'orticoltura dei Maenge non può essere ridotta all'applicazione di una forza lavoro guidata da un pensiero tecnico e razionale. Infine, è importante notare come lo scambio di visite durante le grandi celebrazioni rituali di fine anno assuma, agli occhi dell'opinione pubblica, il ruolo di un esame decisivo del proprio senso di responsabilità e previdenza, manifestato attraverso il proprio giardino.

Avvicinandoci ulteriormente alle motivazioni che sottendono al giardinaggio, possiamo osservare come i Maenge cercano di risolvere una situazione di debito a doppio livello. Da un lato, si tratta di far sì che la terra "renda", nel senso più letterale del termine, poiché deve ricompensare lo sforzo ("milali") [36] esercitato precedentemente dagli esseri umani su di essa. D'altro lato, essendo impossibile ottenere una buona raccolta senza l'intervento di esseri sovrannaturali (eroi, antenati defunti, ecc.), gli uomini si trovano in una condizione di debito nei loro confronti. In questo senso, la raccolta di taro e altre piante serve a ricompensare gli esseri umani per il loro sforzo (milali) rivolto alla terra, mentre le offerte di cibo e monete di conchiglie ai defunti e agli eroi li liberano dal debito nei loro confronti. Questo sottintende l'idea di un'attività produttiva basata su una relazione contrattuale tra diverse parti, in cui nessuna potrà essere privilegiata o trascurata, rendendo così il giardinaggio un affare sia morale che tecnico ed economico.

E, sempre Panoff, aggiunge: "... In nessuna circostanza le attività produttive sono vissute, e ancor meno concepite, come una lotta dell'uomo contro la natura con lo scopo di trasformarla, ma come un rapporto contrattuale che include anche i morti e diversi personaggi mitici. Inoltre, la comunità del villaggio non annovera né individui oziosi né dirigenti o esperti intellettuali che sarebbero esentati dalle attività produttive; quindi, l'organizzazione sociale stessa non può offrire alcun modello di opposizione lavoro/non-lavoro ai teorici indigeni. ..." [37]

Come accennato in precedenza, nel cuore stesso dell'atto produttivo per eccellenza, ovvero il giardinaggio, si colloca un'operazione di scambio tra esseri umani ed esseri sovrannaturali che guida le azioni e i pensieri dei giardinieri. L'obiettivo non è tanto quello di trasformare la materia, ma piuttosto di mantenere, attraverso questo scambio, un legame profondo con i propri defunti (sempre vivi) e gli dèi (sempre potenti).

Capitolo 7: Istituzioni e organizzazioni

7.1 L'economia domestica - 7.2 Le istituzioni e la ridistribuzione
7.3 I grandi capi indiani - 7.4 Andrianampoinimerina, un re del Madagascar
7.5 Il Kula

7.1 - L'economia domestica

Dopo un'attenta riflessione sulle modalità con cui le comunità tradizionali riuscivano ad appagare le proprie necessità, con un riguardo eccezionale per l'ambiente e impiegando un quantitativo di energia esiguo, ci accingiamo ora ad esplorare e studiare quelle istituzioni che hanno esibito i comportamenti e le attitudini appropriate per raggiungere tali obiettivi. Il nostro punto di partenza sarà la famiglia, entità che conserva ancora oggi una posizione centrale nel panorama delle istituzioni, sebbene con caratteristiche un po' insolite.

Cominceremo con un esempio tratto da un caso analizzato da M.Segalen [1] in un villaggio della Bassa Bretagna. Qui, i giovani, costretti a emigrare per ricercare opportunità lavorative, mantengono un legame indissolubile con la loro terra d'origine. Tale profondo attaccamento si esprime attraverso il desiderio di erigere una residenza secondaria nelle vicinanze dei familiari, sul suolo natio. L'atto di edificazione diventa un momento propizio per un'intensa collaborazione tra i parenti: la squadra, formata dagli uomini della famiglia, mira a ridurre al minimo l'intervento di imprese esterne, mobilitando l'intero ventaglio di competenze offerto dal clan familiare. Oltre a costituire un'occasione per riunirsi e celebrare insieme, l'edificazione della dimora rappresenta un momento cruciale nelle relazioni familiari. È in questo frangente, infatti, che si mobilita l'intera parentela al fine di sostenere chi aspira a ristabilire le proprie radici nel paese natale.

In linea generale, le società più arcaiche identificavano l'istituzione per eccellenza, inclusa quella economica, con i gruppi domestici, solitamente strutturati in vari tipi di famiglie. Anche in epoche più vicine, le istituzioni produttive hanno continuato, in larga misura, ad ispirarsi al modello dell'economia domestica.

Al proposito, è importante sottolineare: "... In tutta la cultura del villaggio, così come nel sistema feudale, prevale l'idea di una condivisione naturale e di un'origine sacra di tutte le realtà della vita e di tutte le nozioni corrispondenti a un'organizzazione autentica, intrinseca e necessaria.

È interessante notare quanto marginalmente influiscano, invece, a questo livello, i concetti di scambio, acquisto, contratto e status economico. Il rapporto tra il comune e il signore, e ancora più quello tra il comune e i suoi abitanti, non sarà di natura contrattuale ma, come all'interno della famiglia, sarà basato sulla comprensione reciproca. Il comune, inclusivo del signore, nel suo indispensabile legame con la terra, assumerà le sembianze di un'unica economia domestica indivisibile..." [2]

Relativamente ai comuni medievali, è opportuno ricordare come "i beni comunali" rappresentassero fondamentali fattori produttivi posseduti da tali istituzioni e resi disponibili per tutti i membri in maniera comunitaria. Essi comprendevano le foreste e i pascoli comuni, le sorgenti, ma anche i campi e i prati, occupati solo temporaneamente dai coltivatori. Dopo alcuni anni di sfruttamento specifico, infatti, le recinzioni sarebbero state demolite e il terreno avrebbe ripreso a essere parte integrante dei beni comuni, utilizzati come pascolo. Inoltre, l'abitante della comunità si trova vincolato dall'autorità del "diritto comune".

L'attività agricola, che comprende l'uso dei propri prati, campi e vigne, lo lega in maniera indissolubile all'organizzazione collettiva. Il diritto comune, infatti, non necessita di un'espressione precisa per obbligare il coltivatore a rispettare i metodi e i periodi tradizionali di lavoro e raccolta.

L'agricoltore non potrà effettivamente separare la sua attività individuale dall'economia della comunità. Sarà quindi grazie a un uso secolare che, in alcune campagne, si preserveranno i tempi tradizionali di apertura e chiusura dei campi e dei prati. [3]

Sfortunatamente, la frammentazione delle unità familiari e la loro dispersione geografica mettono a rischio il futuro di questa significativa istituzione, almeno nel contesto occidentale. Nonostante emergano istituzioni alternative, originate all'interno di gruppi di amici o di altre forme associative, queste potrebbero non riuscire a equipararsi pienamente al modello familiare tradizionale.

7.2 - Le istituzioni e la ridistribuzione

All'interno delle società tradizionali e di una notevole parte di quelle estranee all'orizzonte occidentale, le transazioni economiche si delineano in un contesto distintamente separato da quello della produzione, solitamente incastonato all'interno delle stesse istituzioni. Di conseguenza, lo scambio non mira, come nell'economia di mercato, all'acquisizione di merci, bensì segue le regole intrinseche alla distribuzione dei prodotti all'interno del collettivo. In una prospettiva globale, le transazioni economiche antecedenti all'economia di mercato possono ridursi a due tipologie.

La prima può essere illustrata come un continuum di scambi reciproci tra due parti, in un processo noto come reciprocità. La seconda, invece, conosciuta come ridistribuzione, si caratterizza per una serie di movimenti centralizzati, con un andamento che comporta l'aggregazione preliminare di beni tra i membri del gruppo da parte di un leader, seguita da una successiva ridistribuzione all'interno della medesima comunità. Tuttavia, malgrado le loro distinte definizioni, entrambe le categorie di transazioni sembrano avere le loro radici profondamente ancorate al sistema economico basato sulla reciprocità. "... La ridistribuzione è una forma di organizza-zione del comportamento reciproco, un sistema di reciprocità. ..." [4]

L'espressione "nell'interesse di tutta la comunità" assume svariate sembianze, che si estendono dal finanziamento di cerimonie religiose o guerre fino a quello di feste e banchetti. Non da meno, trovano posto anche gli investimenti in dispositivi tecnici, la costruzione di edifici pubblici e religiosi, la ridistribuzione della produzione locale e, nei momenti di crisi, il sostegno e l'assistenza alla stessa comunità.

I seguenti esempi serviranno ad illustrare più soddisfacentemente alcune delle modalità di ridistribuzione in uso nelle società tradizionali.

Nel continente africano, all'interno della popolazione dei Bemba, si osserva che "...come nella maggior parte delle tribù africane, la distribuzione del cibo rappresenta una prerogativa fondamentale, inerente alla dignità del capo, essendo un diritto intrinseco di coloro che esercitano l'autorità all'interno della famiglia e del villaggio. Un'efficiente organizzazione della distribuzione del cibo nella capitale sembra, nella concezione dei Bemba, correlata alla sicurezza e al benessere della comunità tribale. (...) L'intera istituzione del 'kamitembo' (la cucina e il serbatoio sacro della tribù) rappresenta, a mio avviso, la profonda associazione tra l'autorità e il potere di distribuire gli alimenti, su cui si fonda l'intera organizzazione tribale. Il capo detiene il cibo e riceve tributi, ed è sempre lui che provvede alle necessità dei suoi sudditi, distribuendo loro le vivande cotte. Entrambe le peculiarità sono simbolicamente rappresentate all'interno del kamitembo..." [5]

In modo simile, tra le popolazioni indigene della costa nord-occidentale del Nord America, le pratiche di ridistribuzione del capo, oltre a presupporre il principio di reciprocità generalizzata, spesso implicano anche un ruolo di "tesoreria" a beneficio della comunità. Così avviene, per esempio, tra la tribù dei Creek, dove "... al termine della festa del 'busc' e quando i campi sono maturi, l'intera comunità si riunisce e ogni uomo porta i frutti del suo lavoro, cioè il raccolto della porzione del campo comune originariamente assegnatagli, che conserva nel suo granaio personale; tale silo è di sua proprietà privata.

Tuttavia, prima che ciascuno possa ritirare il raccolto mietuto sulla propria parcella, viene eretto sul campo comune un grande capanno o granaio, denominato 'granaio del re', e lì ogni famiglia deposita una quantità variabile, a seconda delle proprie possibilità, capacità o desiderio, o niente del tutto se così sceglie, e ciò si manifesta chiaramente come un tributo al 'mico' (capo) o una rendita che gli viene conferita. Tuttavia, l'intento vero e proprio è diverso.
Si tratta, in effetti, di una sorta di tesoreria pubblica, sostentata da donazioni volontarie. Ogni cittadino ha libero accesso a questa tesoreria, su una base rigorosamente egualitaria, quando le sue riserve personali si esauriscono.

Tali beni rappresentano una sorta di riserva di emergenza per tempi di necessità, da cui si può anche attingere per assistere le città vicine che hanno sofferto di cattivi raccolti, oppure per offrire un banchetto a viaggiatori e stranieri in transito, per rifornire le spedizioni militari, o per qualsiasi altro bisogno di pubblica utilità.

Questo tesoro è a disposizione del re o "mico", ed è indubbiamente una prerogativa regale di prim'ordine possedere l'esclusivo diritto e la capacità di distribuire provvidenze e conforto all'interno di una comunità..." [6] Nella sua manifestazione quotidiana e usuale, la ridistribuzione si fonda sulla condivisione delle risorse alimentari all'interno della famiglia, derivando dal principio per cui i prodotti di qualsiasi sforzo produttivo collettivo devono essere messi in comune.

Così formulata, questa regola si applica non solo alle strutture di parentela, ma anche ai gruppi di cooperazione più complessi. In tutte le società tradizionali, il diritto prioritario a una parte della produzione e l'obbligo correlato di generosità sono associati alla figura del capo.

La ridistribuzione, in questo senso, non è altro che l'espressione organizzata di tali diritti e obbligazioni: "... Sono convinto che scopriremmo che le relazioni tra l'economia e la politica sono una costante universale. In ogni luogo, il capo assume il ruolo di banchiere tribale; raccoglie il cibo, lo immagazzina, ne assicura la custodia, per poi distribuirlo a beneficio dell'intera comunità; le sue funzioni rappresentano il prototipo del Ministero delle Finanze o del Tesoro Pubblico nei contesti statali contemporanei..." [7]

In sintesi, la ridistribuzione soddisfa, da un lato, una necessità pratica e logistica, contribuendo al sostentamento della comunità e alla vitalità delle attività collettive.

D'altro canto, la ridistribuzione funziona come uno strumento al servizio di uno scopo più ampio: essendo sia un rituale di comunione che di subordinazione al potere centrale, essa contribuisce a preservare le strutture sociali di solidarietà.

7.3 - I grandi capi indiani

La struttura della ridistribuzione propria delle popolazioni indigene delle Americhe rivela connotazioni che possono apparire paradossali, difficilmente comprensibili per coloro che sono formati da culture nelle quali il potere è intrinsecamente dotato di una significativa forza effettiva. Nel suo scritto del 1943, R. Lowie [8] individua tre caratteristiche fondamentali che delineano la figura dei "leader" tradizionali delle due Americhe. In primo luogo, il capo indiano deve essere un "artefice di pace", incarnando il ruolo di mediatore all'interno del gruppo. In secondo luogo, il leader è tenuto a manifestare la massima generosità, rispondendo positivamente alle incessanti richieste di beni provenienti dagli altri membri della comunità. Infine, deve dimostrarsi un oratore di eccezionale abilità.

Le qualità fondamentali della leadership, nelle tradizionali comunità indiane, subiscono una significativa trasformazione quando la comunità è minacciata da guerre o da altri pericoli. In tali circostanze, l'autorità del capo diventa assoluta ed esercitata senza condivisione. Tuttavia, una volta restaurata la pace, questo potere ritorna nei confini prescritti dalla consuetudine. Pertanto, il modello di potere coercitivo viene accettato solo in circostanze straordinarie, quando il gruppo è confrontato con una grave minaccia esterna. Durante i periodi di normalità, il potere si fonda sull'accettazione generale anziché sulla coercizione, rivelando così la sua natura non solo pacifica, ma anche pacificatrice. Infatti, il capo indiano è tenuto a salvaguardare la pace e l'armonia all'interno del gruppo.

Tuttavia, dato che a priori è escluso l'uso di una forza costrittiva che lui non detiene, il leader è chiamato a risolvere conflitti e dispute affidandosi solamente alla propria virtù, al proprio prestigio e all'intensità del suo discorso. Per quanto riguarda la generosità, considerata fondamentale, essa sembra sfociare quasi in un obbligo di servitù; infatti, tale dovere è spesso percepito dagli indigeni come una sorta di diritto a depredare il proprio capo. Francis Huxley [9], parlando del popolo degli Urubu, afferma che il ruolo del leader indigeno consiste nel concedere tutto ciò che gli viene richiesto; al punto che è sempre possibile identificare il capo indiano, in quanto sarà il più povero e indosserà gli ornamenti più modesti della tribù.

Oltre ad avere un'intensa aspirazione di appropriarsi dei beni del capo, gli indigeni dimostrano un profondo apprezzamento per le sue

parole: le abilità oratorie, infatti, rappresentano uno dei tratti essenziali e il principale mezzo di esercizio del potere. I vari capi saranno quindi obbligati a esortare quotidianamente il loro popolo a vivere secondo la tradizione, a parlare di pace, onestà, armonia, e così via.

Un altro elemento distintivo dei capi americani, in particolare nell'area meridionale, è il diritto alla poligamia. Difatti, la maggior parte di queste società, pur accettando la poligamia, la considerano un privilegio esclusivo dei leader. La descrizione seguente di Pierre Clastres cattura in maniera esemplare l'intero insieme di funzioni del capo indiano: "...Come pianificatore delle attività economiche e cerimoniali del gruppo, il leader non possiede alcun potere decisionale; non c'è mai garanzia che i suoi 'ordini' saranno eseguiti: questa fragilità persistente di un potere costantemente contestato dà la sua tonalità all'esercizio del ruolo: il potere del capo dipende dalla buona volontà del gruppo.

Si comprende quindi l'interesse diretto del capo nel mantenere la pace: l'emergere di una crisi che mina l'armonia interna richiede l'intervento del potere, ma al contempo genera quella volontà di contestazione che il leader non ha i mezzi per vincere..." [10]. Tale riflessione sottolinea l'apparente impotenza di un'istituzione che, in realtà, promuove un sistema sociale estremamente efficace e solidale.

Sembra che queste società si siano strutturate sulla base di un'intuizione fondamentale: l'essenza del potere è coercitiva e indomabile. Sembra che tali popolazioni abbiano percepito come la trascendenza del potere potrebbe rappresentare una minaccia per il gruppo e, in ultima analisi, per la stessa cultura.

Riconoscendo il legame che unisce il potere alla natura, vista come una doppia limitazione dell'universo e della cultura, le società amerindie hanno ideato un mezzo per neutralizzare l'aggressività intrinseca dell'autorità. Pertanto, nelle società indiane si rivela il predominio dell'elemento culturale: "...

Per esprimere le cose in altri termini, è la cultura stessa, in quanto elemento differenziatore rispetto alla natura, che si impegna pienamente nel rifiuto di questo potere. E non è forse proprio nel suo rapporto con la natura che la cultura esprime una condanna di pari intensità? Questa identità nel rifiuto ci porta a scoprire, in queste società, un'identificazione tra potere e natura: la cultura è negazione di entrambi, non nel senso che potere e natura individuino due pericoli diversi, la cui identità sarebbe solo quella - negativa - di un rapporto equivalente al terzo termine, ma proprio nel senso in cui la cultura percepisce il potere come la stessa insorgenza della natura. ..." [11]

7.4 - Andrianampoinimerina, un re del Madagascar

Ora ci concentreremo su di una nazione africana, la quale, a seguito del nefasto intervento dei colonizzatori occidentali, in pochi secoli ha subito una drammatica transizione: da una condizione di relativa abbondanza, è stata precipitata in una povertà profonda. La società tradizionale del Madagascar, oggetto del nostro esame, s'articolava in comunità agricole fortemente strutturate. All'interno di queste, gli individui potevano usufruire della terra esclusivamente grazie alla propria affiliazione comunitaria. Sovrastante ai membri, lo stato non solo assumeva funzioni politiche, ma si distingueva anche per un ruolo di imprenditore idraulico assai singolare.

Il re Andrianampoinimerina, cercando di adattare la società alle trasformazioni economiche e sociali che stavano emergendo in tutta l'Africa del XVIII° secolo, promosse una serie di azioni e interventi orientati alla modernizzazione e alla razionalizzazione delle attività produttive.

Pertanto, la protezione tradizionalmente offerta dagli antenati per la fertilità del terreno o per un buon raccolto svanì; i rituali propiziatori furono sostituiti da un approccio in cui ognuno divenne responsabile per le questioni collettive e via dicendo.

Ciò non solo preservava la struttura sociale e produttiva della reciprocità e della parentela, ma ne rafforzava anche la coesione grazie all'attivo coinvolgimento del re. Rifiutando ogni forma di tributo, Andrianampoinimerina suggerì di sostituirli con le "corvées", o lavori dovuti e disse: "... La popolazione compie tutte le opere che il re sceglie di richiedere, poiché lui è il padre e la madre, il padrone della terra e del popolo (...) i sudditi obbediscono al re adempiendo ai lavori necessari, poiché ciò costituisce la loro parte di servizio. ..." [12]. Per poi spiegare: "... Se costruisco dighe, è grazie a esse che potrete saziarvi, miei sudditi, poiché l'acqua consente il trapianto del riso, e il riso nutre la mia gente. ..." [13].

In queste mobilitazioni collettive, ciascuno è insostituibile in quanto forza-lavoro e, per incentivare la produttività individuale, il sovrano raccomanda di trasferire i premi e le scommesse sui lavori pubblici. Una particolare enfasi viene poi attribuita al dovere di ciascuno di provvedere al proprio mantenimento e di svolgere un qualsiasi ruolo nella produzione, non soltanto per ragioni materiali, ma soprattutto per motivi ideologici. Infatti, il genere di lavoro svolto al servizio del sovrano integra i partecipanti all'interno di una costruzione politica di largo respiro, che trascende i confini ristretti della comunità del villaggio. È in questo contesto che il produttore diventa una parte organica del regno, assentandosi temporaneamente dalla propria comunità per cooperare con gli altri al servizio del re. In questa prospettiva, l'obiettivo del lavoro collettivo è la formazione politica e, in ultima analisi, l'affermazione dell'uomo libero.

In generale, le direttive reali riguardanti il lavoro miravano a coinvolgere la popolazione nell'utilizzo esteso delle strutture di reciprocità, già presenti nel contesto abituale delle relazioni di parentela [14]. E, dato che le frequenti guerre e le migrazioni avevano spesso eroso tali relazioni, il monarca si incaricava di ristabilirle, stimolando lo sviluppo dei rapporti in grado di unire le persone secondo questi modelli.

Le disposizioni, dunque, riguarderanno le sepolture, la costruzione di tombe e di case, che dovranno trasformarsi in occasioni di intensa partecipazione collettiva, nell'omaggio condiviso alla parentela tra i vivi o, più precisamente, nella ritualità dell'amicizia reciproca.

In ciascuna di queste circostanze, sia i ricchi che i poveri saranno chiamati a cooperare, a dispetto delle differenze di status e di ricchezza. D'altro canto, una volta assolto l'obbligo del servizio comunitario, nulla impedirà ai benestanti d'abbattere un gran numero di buoi: l'ostentazione non verrà respinta a patto che sia garantito un minimo di sostentamento per tutti.

In effetti, consapevole che la stabilità dello Stato nel lungo termine dipendeva dalla mediazione, che egli stesso garantiva, tra ricchi e poveri per quanto riguardava la capacità di sopravvivenza, il re affermava: "... Non esiste nemico maggiore del mio regno se non la carestia, poiché quando si è affamati, non si può pensare allo Stato: i potenti tentano di divorare i deboli e i deboli cercano di rubare. ..." [15]. Così facendo, collocava la produttività all'interno di un rapporto di reciprocità tra lo Stato e la popolazione.

In linea con questa visione, l'accesso equo ai mezzi di produzione veniva ribadito come un elemento strategico, nel tentativo di temperare le contrapposizioni interne alle comunità. Così, Andrianampoinimerina imponeva ai ricchi di ridistribuire terra e acqua, offrendo ai poveri gli strumenti per lavorare e, nel mantenimento di un senso di equità, affermava: "... Non farò calpestare i buoi giacché le persone meno abbienti non ne hanno le possibilità..." [16].

Infine, pur legittimando l'istituzione dei mercati, solleciterà i benestanti a vendere i loro prodotti a un prezzo equo. Li esorterà anche a distribuire loro denaro con lo scopo di coinvolgerli attivamente nell'interazione commerciale. Dichiarerà: "... Non destini nulla alla popolazione! Come potrai, in tal caso, ravvivare i tuoi mercati? ..." [17]. In tal modo, il sovrano si presenterà al popolo come mediatore degli scambi, piuttosto che della produzione.

Tuttavia, le transazioni di mercato richiederanno sempre una necessaria ridistribuzione: da una parte, partendo dalla cellula familiare e, dall'altra, tramite sontuosi banchetti di carne offerti dai più abbienti.

In conclusione, il monarca sembra voler rivendicare come propria l'immagine di una pratica sociale radicata nei villaggi, quella della parentela; assumendo su di sé i ruoli di padre e madre di tutti, si autodefinisce come colui che istituisce i legami parentali tra i suoi sudditi. In un'ottica analoga, si può notare come il re costruisca di sé una rappresentazione come capofamiglia della grande casa comune, offrendo i propri buoi per i fastosi banchetti che si susseguono durante i lavori di edificazione delle dighe.

Queste rappresentazioni del potere sembrano radicate nel nucleo della comunità di villaggio, mirando a riprodurre su un piano ben più elevato il principio dell'autorità familiare. Così, l'espressione delle relazioni sociali orizzontali, correlate al rapporto di parentela verticale, si tradurrà in termini di amore reciproco.

7.5 - Il Kula

Il Kula, praticato nel sud-ovest del Pacifico, rappresenta un vasto circuito di interscambio che coinvolge diverse comunità insulari nel nord-ovest della Malesia, inclusi l'arcipelago delle Trobriand, le isole d'Entrecasteaux e l'isola di Dobu. M. Panoff e M. Perrin descrivono lucidamente questa pratica, affermando: "... Le transazioni più emblematiche del sistema Kula non sono di natura commerciale. Non riguardano merci, ma bensì oggetti privi di qualsiasi utilità pratica, il cui valore simbolico potrebbe essere paragonato a quello dei gioielli della corona nelle monarchie europee (...)

Questi oggetti, distinti solo in due tipi - braccialetti e collane di conchiglie - non vengono mai rimossi dal circuito di scambio e seguono un percorso in direzioni opposte, lungo il cerchio delle transazioni. Impiegano tra i due e i dieci anni per completare un giro completo e tornare al punto di partenza. Al termine di un ciclo, ogni partecipante si ritrova in possesso degli oggetti che deteneva all'inizio..." [18]

Il termine stesso di Kula sembra significare "circolo" [19] e, in effetti, sembra quasi che queste tribù, questi oggetti preziosi, queste celebrazioni e questi rituali siano coinvolti in un movimento circolare, seguendo un percorso preciso sia nel tempo che nello spazio.

Il sistema di scambio reciproco del Kula, pur mantenendo una superficiale libertà, è in realtà orchestrato secondo un rituale ben definito che coinvolge i partecipanti in modo profondo e duraturo, instaurando così legami persistenti. Questi legami "... che operano su di un piano giuridico, economico, religioso ed estetico, permettono ai vari gruppi di trascendere le loro rivalità reciproche e di instaurare una morale contrattuale, che costituisce uno dei fondamenti umani su cui sono costruite le società tradizionali..." [20]

Gli oggetti scambiati nel Kula, noti come "vaygu'a", possono evidenziarsi come "mwali" (braccialetti) o "soulava" (collane), entrambi realizzati con pregevoli conchiglie. Nonostante questi preziosi oggetti possano essere indossati dai loro proprietari temporanei durante cerimonie solenni, di norma vengono custoditi come tesori. Secondo l'antropologo Malinowski [21], i vaygu'a sarebbero pervasi da un movimento circolare distintivo: i mwali (braccialetti) viaggerebbero in modo ordinato da ovest a est, mentre le soulava (collane) avrebbero un percorso opposto, viaggiando costantemente da est a ovest. In principio, la circolazione di questi oggetti simbolici è incessante e impeccabile.

A tale proposito, Mauss annota: "... Non dovrebbero essere posseduti eccessivamente a lungo, né si dovrebbe mostrare esitazione o resistenza nel cederli; inoltre, non dovrebbero essere offerti a individui diversi dai partner stabiliti in una direzione precisa, 'direzione braccialetto' o 'direzione collana'" [22]. Ogni oggetto, inoltre, avrà un nome, una storia e una personalità, rivelando senza ombra di dubbio la sua sacralità e miticità. I custodi temporanei li maneggiano e osservano per ore e ore. Un semplice tocco può trasferire le loro virtù e il solo possederli può procurare un grande conforto.

Tali oggetti (i vaygu'a) sembrano incarnare una serie di principi legali che le società occidentali moderne tendono a separare. In effetti, i vaygu'a sono simultaneamente una proprietà ed un possesso, oggetti di vendita e acquisto, pegno e locazione, e infine oggetti depositati o prescritti. Inoltre, è importante ricordare che la natura sacra dei vaygu'a influisce sul contratto stesso, così che la totalità degli oggetti e delle prestazioni coinvolte nel Kula sono talmente intrise di vita che esse stesse partecipano all'accordo.

In sintesi, il Kula rappresenta il momento culminante di un vasto sistema di prestazioni e controprestazioni, che abbraccia la totalità della vita economica e sociale dei nativi. Mauss stesso afferma: "...In primo luogo, lo scambio di vaygu'a durante il Kula si inserisce in una serie di altri scambi di vario genere, che vanno dal semplice mercanteggiamento alla retribuzione, dalla richiesta di favori alla mera cortesia, dall'ospitalità generosa alla riluttanza e alla riservatezza. A parte le 'uvalaku', grandi spedizioni che sono puramente cerimoniali e agonistiche, tutti i Kula sono l'occasione per i gimwali, ovvero scambi più quotidiani, che non avvengono necessariamente tra partner. ..." [23]

La vita di queste comunità è un costante flusso di dare e ricevere, illustrato vividamente da quest'ultimo esempio: "...Un rapporto molto simile a quello del Kula è quello della 'wasi'. Questo stabilisce scambi regolari e obbligatori tra partner di tribù agricole da un lato, e tribù marittime dall'altro. Il partner agricolo arriva a depositare i suoi prodotti davanti alla casa del suo partner pescatore. Quest'ultimo, a sua volta, dopo una grande pesca, restituirà, con un surplus, il frutto del suo lavoro al collega del villaggio agricolo in un'occasione successiva. ..." [24]

Capitolo 8: Solidarietà e reciprocità

8.1 - La reciprocità in opera

Gli esempi citati conducono verso riflessioni più ampie al riguardo dei fattori che modellano i sistemi economici basati sulla reciprocità. Nelle società tradizionali, l'ineguaglianza sociale sembra quasi configurarsi come un meccanismo per organizzare un'equità economica; molto spesso, il raggiungimento e il mantenimento di un rango elevato sono possibili unicamente attraverso una generosità incessante e sfarzosa.

A proposito di ciò, Sahlins propone una riflessione: "... Potrebbe certamente essere eccessivo pensare che la relazione genitore-figlio sia la base fondamentale sia per una gerarchia di rapporti di parentela sia per l'etica correlata del comportamento economico. Tuttavia, il fatto rimane che il paternalismo è una metafora frequente per la figura del capo primitivo, che spesso assume le sembianze di un infervorato rapporto filiale. È quindi particolarmente adeguato che il capo sia il 'padre' dei suoi sudditi e che questi ultimi siano i suoi 'figli', il che influenzerà inevitabilmente le loro relazioni economiche..." [1]. In questo contesto, i diritti economici di dominio e subordinazione appaiono come diritti solidali: il diritto di richiedere, esercitato dal capo o dal re, spiana la strada alle sollecitazioni "dal basso", e viceversa.

Spesso, nelle comunità organizzate secondo una struttura gerarchica, la reciprocità generalizzata agisce come un determinante di tale struttura; quando lo scambio avviene senza intoppi, la sua influenza sul sistema sarà ridondante e tendente a rafforzare le distinzioni gerarchiche. In numerosi contesti sociali dove è presente una struttura di potere ben delineata, la reciprocità stessa contribuisce alla formazione delle distinzioni gerarchiche, agendo come un meccanismo che modera tali differenziazioni.

In questo modo, si instaura una doppia relazione tra rango e reciprocità. Da un lato, si esprime nel convincimento che "essere nobili significa essere generosi", per cui sarà la struttura gerarchica a regolare le relazioni economiche; dall'altro, emerge secondo la formula opposta "essere generosi significa essere un capo", con la quale saranno le pratiche di reciprocità a influenzare le dinamiche di potere.

L'ineguaglianza economica sembra essere l'elemento centrale che unisce la generosità e la reciprocità generalizzata in un meccanismo volto a mitigare gli effetti della gerarchia e del potere. Infatti, un dono che non viene immediatamente contraccambiato genera un legame tra le persone: perpetua la relazione e stabilisce un senso di solidarietà. Inoltre, chi riceve il dono, come beneficiario della transazione, deve dimostrarsi pacifico, docile e cauto nelle proprie interazioni con chi ha donato.

In questo contesto, si potrebbe sostenere che le distinzioni gerarchiche abbiano l'effetto di allargare il campo d'azione della reciprocità generale, superando i limiti tradizionali della condivisione. In parallelo, le disparità di ricchezza tra le parti, derivanti dalle differenze di status, possono produrre effetti simili. Come affermano gli Yukhagir: "L'uomo che dispone di risorse è tenuto a condividerle con coloro che ne sono privi". [2]

Nella realtà, tra due amici che aspirano a preservare la loro amicizia, sarà il più benestante a sostenere l'onere materiale degli eventi condivisi. Esprimendolo in altri termini, laddove esista un vincolo sociale tra le parti, la presenza di un marcato divario materiale sembra indurre verso forme di relazione più altruistiche rispetto a quelle che si svilupperebbero in altre circostanze. "... L'abitudine di condividere, e di farlo equamente, trova la sua ragione d'essere in una comunità dove è probabile che chiunque possa trovarsi in difficoltà un giorno o l'altro. Infatti, è la carenza, non l'abbondanza, che rende le persone generose, dal momento che così ognuno può essere sicuro di non patire la fame.

Chi è in bisogno oggi viene soccorso da qualcuno che domani, a sua volta, potrebbe trovarsi in difficoltà. ..." [3] Ne consegue che, nelle società tradizionali in generale, quando sarà necessario preservare un certo livello di socialità, più si accentuerà lo scarto di fortuna e più dovrà essere consistente l'altruismo dimostrato dal ricco rispetto al povero. Questa dinamica può arrivare a un livello di sensibilità estrema nei confronti del prossimo: "... Un boscimano fa tutto il possibile per non suscitare l'invidia degli altri membri della sua comunità.

Per questo motivo, i pochi beni di sua proprietà circolano costantemente tra i componenti del gruppo. Nessuno desidera detenere a lungo un coltello di qualità superiore, nonostante ne avverta un forte desiderio, poiché è consapevole che diventerebbe automaticamente l'oggetto del desiderio degli altri membri del gruppo. Mentre siede da solo affilando la lama, sente i bisbigli degli altri: 'Guardatelo, lì da solo, ammirando il suo coltello, mentre noi non abbiamo nulla'. Presto, qualcuno gli chiederà quel coltello, poiché tutti lo desiderano, e lui dovrà cederlo.

Condividere è un obbligo culturale, e non si registrano casi di boscimani che si siano rifiutati di condividere beni, cibo o acqua con altri membri del gruppo. Senza una cooperazione sistematica, in effetti, non sopravvivrebbero alle carestie e alle siccità del Kalahari. …" (4)

In conclusione, la natura intrinseca dei beni trasferiti incide profondamente sul carattere dello scambio. Ad esempio, il cibo non sarà considerato alla stregua di altri beni: esso possiede una connotazione vitale e un'urgenza intrinseca, simboleggia la casa, il focolare, la figura materna. Rispetto a qualsiasi altro bene, il cibo è ciò che si condivide con maggior piacere e frequenza nel mondo.

Così, le transazioni di cibo emergono come un indicatore estremamente sensibile, una sorta di rituale che riflette le relazioni sociali; inoltre, il cibo stesso avrà un ruolo importante nel mantenere o nel radicare i sistemi di solidarietà, come ben illustrato dalle seguenti testimonianze: "... Il cibo è qualcosa su cui i genitori detengono dei diritti e, viceversa, i genitori sono figure che donano o privano del cibo. ..." [5]

Tra i Kuma, "... la condivisione del cibo simboleggia una comunità di interessi (...) Non si condivide mai il cibo con un nemico (...), non si condivide mai il cibo con gli estranei perché sono potenziali nemici. Un uomo può mangiare con i suoi parenti, sia consanguinei che alleati, e anche, si sostiene, con i membri del suo stesso clan. Tuttavia, in genere solo i membri dello stesso sotto clan hanno il diritto formalmente riconosciuto di condividere il cibo tra di loro..." [6]

In linea generale, l'ambito dello scambio generalizzato di cibo sarà spesso più ampio rispetto a quello dello scambio di beni di altra natura. Questa tendenza sarà particolarmente evidente nell'ospitalità offerta ai soci commerciali o a tutti i parenti provenienti da lontano, esprimendo il desiderio di mantenere un certo livello di sociabilità. Inoltre, è significativo che, in vasti settori sociali delle popolazioni tradizionali, le derrate alimentari vengano generalmente escluse dalle transazioni onerose e raramente siano oggetto di vendita. Analogamente, tra gli eschimesi dell'Alaska, il cibo non viene mai incluso nei consueti circuiti commerciali: "... Si riteneva che vi fosse qualcosa di inappropriato nel mercanteggiare con il cibo - addirittura, i cibi considerati di lusso, che venivano scambiati tra partner commerciali, erano trasferiti come doni, ai margini dell'attività commerciale propriamente detta. ..." [7]

Concluderemo con il seguente pensiero di Sahlins, che risulta particolarmente pertinente ancor oggi in alcune regioni: "... Nella maggior parte delle società primitive, il pasto offerto è una consuetudine di riconoscenza per un aiuto nei campi, nella costruzione di una casa o per qualsiasi altro contributo ai lavori domestici. Non si tratta di un 'salario' nel senso convenzionale del termine. Concretamente, questo pasto simboleggia un'importante estensione dell'economia domestica a parenti e amici. Invece di considerarlo un passo iniziale verso il capitalismo, si può riconoscere in esso l'espressione di un principio del tutto opposto: l'idea che coloro che contribuiscono a uno sforzo produttivo acquisiscono dei diritti sui risultati di tale sforzo. ..." [8]

8.2 - Burundi di ieri e di oggi

Gli occidentali, spesso, hanno manipolato le istituzioni di solidarietà reciproca delle popolazioni arcaiche del terzo mondo per trarne beneficio. Un esempio emblematico di tale propensione si manifesta nel caso del Burundi. Durante il periodo della dominazione coloniale, i rapporti comunitari e tributari autoctoni furono preservati nell'ambito dell'amministrazione indiretta straniera. Tuttavia, questo non venne effettuato per attutire l'impatto delle trasformazioni sulle popolazioni native. Al contrario, l'obiettivo era assicurare uno sfruttamento ancor più intenso degli abitanti.

Nella struttura agricola tradizionale del Burundi, ogni fattoria è tessuta all'interno di una rete di "batererezi", ovvero vicini che, in occasione di ogni evento rilevante, si scambiano visite e birra. Tuttavia, questi momenti conviviali intorno alla birra, ben lontani dall'essere considerati come un semplice divertimento o un modo di trascorrere il tempo libero, rappresentano l'aspetto rituale di un intero sistema di reciprocità. In realtà, gli scambi di bevute tra vicini sono tanto numerosi quanto i segni di solidarietà o di disponibilità alla reciproca assistenza, entrambi fondamentali per evitare l'isolamento e l'insicurezza delle singole fattorie. Doni e contro-doni sono spesso diseguali in termini di quantità, riflettendo le disparità economiche e di potere.

Tuttavia, la loro efficacia qualitativa rimane intatta. "... Se i più poveri sono 'esentati' da questo obbligo sociale del 'dono', i più ricchi sono altamente coinvolti (da un punto di vista quantitativo) nell'obbligo parallelo della ridistribuzione..."[9] Nondimeno, il tempo libero e gli incontri di queste persone non si limitano a semplici bevute solenni. Al contrario, vengono utilizzati per una serie di attività di reciproco aiuto: costruzione di case, trasporto di malati, riparazione di recinzioni, lavori di disboscamento, costruzione di dighe, irrigazione, assistenza durante il raccolto, e così via. Queste attività collettive sottolineano la natura comunitaria della società tradizionale del Burundi.

Accanto a questa struttura fondamentale che guidava le attività economiche e sociali, esisteva un'ulteriore disposizione di natura gerarchica, che faceva riferimento al re e ai suoi pari.

Infatti, le distinte comunità familiari erano obbligate a fornire al sovrano una serie di prodotti e servizi: compiti specifici e rifornimenti (come armi, utensili, miele, sale, ma anche manodopera specializzata come cuochi, pastori, servitori, ecc.). Inoltre, ogni famiglia era tenuta a partecipare, con un solo uomo, per uno o due mesi all'anno, ai lavori agricoli dei terreni reali, tramite "corvées", durante le quali si celebravano grandi feste e bevute.

Comunque, nonostante questa considerevole mobilitazione di risorse, di giornate lavorative e di competenze al servizio di un re e di alcuni principi, non è possibile tracciare nessun parallelo con le monarchie assolute europee. Infatti, la logica dei rapporti comunitari persisterà ampliamente: i prodotti agricoli saranno accumulati nelle mani dei potenti non per essere convertiti in palazzi di pietra o monumenti, ma piuttosto in beni transitori, continuamente ridistribuiti o consumati immediatamente in modo collettivo.

Come hanno correttamente osservato G. Berthoud e F. Sabelli [10], tale fenomeno sembra essere caratterizzato da un'utilità sociale essenziale, legata al suo alto valore simbolico di comunicazione e di scambio. In questo modo, le comunità del Burundi cercavano di mantenere un ordine politico e culturale che garantisse un senso di sicurezza e stabilità contro potenziali nemici esterni e interni, e al contempo prevenisse un'eccessiva frammentazione della società.

Verso la fine del XIX° secolo, i tedeschi prima ed i belgi poi, cercarono di sfruttare il sistema delle "corvée" a loro vantaggio.

Inizialmente, sostituirono re e figure eminenti con alleati più docili, per poi gradualmente estendere la durata e l'impegno nei servizi dovuti per tradizione al potere. Ben presto, il tempo richiesto ad ogni individuo per attività non strettamente sociali (come la costruzione di strade, la coltivazione e la raccolta di prodotti coloniali) divenne enorme, raggiungendo e talvolta superando i sei mesi all'anno per famiglia. Inoltre, l'intensità del lavoro divenne insostenibile per persone che prima erano abituate a lavorare solo qualche ora di seguito, in un ambiente contrassegnato da bevute di birra e sentimenti fraterni. [11]

Un testo scritto da un missionario alsaziano, padre Schultz, evidenzia l'impatto reale delle corvées sulla popolazione attiva di una regione nel nord-est del Burundi. Le sue osservazioni forniscono una preziosa testimonianza delle condizioni della popolazione all'epoca: "...Durante la visita di M. Le Résident (...) avevo fatto notare che, dato il ritardo di un mese e mezzo delle piogge e l'ansia degli indigeni di poter coltivare i loro raccolti, era imprudente impedirglielo imponendo loro numerosi lavori che non li avrebbero salvati da una carestia immediata: campagna del caffè, campagna della manioca, campagna dell'eucalipto, campagna del grano saraceno, campagna di costruzioni (dispensario di Kinazi e altrove), ecc., pulizia delle strade, ricerca dei documenti fiscali che li costringeva a un continuo viavai da Muhinga, trasporto dei tagli di manioca in Ruanda (...) Feci inoltre notare che c'era un'epidemia di piaghe nel paese, che costringeva all'inattività fino a cinque persone in un solo rugo (la tradizionale fattoria)..." [12]

Concretamente, mentre da un lato la popolazione maschile, una volta rispettati guerrieri, veniva degradata a servire come umili salariati, dall'altro lato le condizioni di vita nelle fattorie diventavano estremamente precarie. La situazione sarà, poi, ulteriormente aggravata dalla natura dei prodotti coloniali, principalmente il caffè, che non soddisfano minimamente le esigenze nutrizionali della popolazione.

8.3 - Boscimani ed Eschimesi

Per concludere, e per arricchire ulteriormente gli esempi e i casi che sono stati presentati finora, saranno evidenziati e documentati alcuni aspetti particolarmente interessanti del concetto di reciprocità. In riferimento alla leadership, risulta interessante notare come i già citati Boscimani, un popolo di cacciatori-raccoglitori dell'Africa subsahariana, sembravano avere una struttura direttiva molto simile a quella osservata tra le tribù americane. Ciò conferma l'ampia diffusione di questo modello tra le società tradizionali. "... Non è nell'aspirazione di nessun Boscimano diventare un personaggio di spicco. Tuttavia, Tome (il leader del gruppo) ha adottato un approccio opposto rispetto agli altri: possedeva poco o nulla e donava generosamente tutto ciò che aveva. Questa era per lui una forma di diplomazia, poiché l'autoimposta povertà gli procurava il rispetto e il sostegno di tutti. ... [13] Offrendo, così, un'interpretazione originale dell'estrema generosità dei capi, coerentemente con la costante preoccupazione dei Boscimani di evitare di suscitare invidia, si osserva: "... Abbiamo sentito dire (...) che il capo si sente obbligato ad essere generoso, perché la sua posizione di leader lo mette sotto i riflettori e deve fare in modo che l'attenzione puntata su di sé non si trasformi in invidia. Qualcuno ha fatto notare che questa necessità potrebbe rischiare di mantenere per sempre il capo nella povertà. ..." [14]

Infine, la saggezza degli Eschimesi dell'Alaska si manifesta nel modo in cui concepiscono il comportamento dei ricchi all'interno della comunità: "... La generosità era una virtù cardinale e nessun uomo poteva permettersi di incorrere nell'accusa di avarizia. Così, chiunque nella comunità, sia persone della costa che dell'interno, aveva il diritto di chiedere aiuto a un ricco e quest'aiuto non gli veniva mai rifiutato. Ciò poteva significare che in tempi di crisi, un uomo ricco era costretto a provvedere ai bisogni dell'intero gruppo. Pure in questo caso, l'aiuto era diretto anche a coloro che non erano parenti..." [15]

Tuttavia, ciò che è ancora più importante sarà la descrizione della reazione dell'intera comunità eschimese di fronte alla crisi economica del 1929. Infatti, nonostante la penuria generalizzata, i sentimenti espressi da una profonda solidarietà si affermarono molto più prepotentemente che nei periodi di prosperità.

"... Era consuetudine, per chi andava a caccia, condividere la preda (sia essa foca, tricheco, caribù o qualsiasi altra selvaggina) con i membri meno fortunati della comunità. Ma mentre questo fattore di condivisione operava tra i non-parenti, le circostanze economiche tendevano a promuovere il sistema familiare indigeno come istituzione cooperativa. Le famiglie lavoravano insieme e univano i loro sforzi per il beneficio dell'intera comunità. Questa riattivazione dei modelli aborigeni in tempi di crisi economica sembra aver rafforzato il sistema familiare, conferendogli una forza e una coesione che possiede ancora oggi. Tuttavia, Si osserva che le forme di aiuto reciproco tra i non-parenti all'interno della comunità tendono a disgregarsi quando torna l'abbondanza..." [16]

Parte 3
La cultura

Capitolo 9: Società e cultura

9.1 - Premessa - 9.2 Un mondo di segni - 9.3 L'individualizzazione
e l'apprendimento - 9.4 Simbologia, magia e religione
9.5 Alle origini della cultura occidentale - 9.6 La natura della cultura
9.7 Per una funzione della cultura

9.1 - Premessa

Ci soffermeremo innanzitutto sull'identificazione dei segni culturali presenti all'interno delle società e sulle modalità dell'apprendimento che conducono all'individualizzazione. In seguito, esamineremo le principali scuole di pensiero riguardanti la definizione di cultura, per concludere con una proposta originale che possa abbracciare anche società diverse da quelle occidentali.

9.2 - Un mondo di segni

I mass media, così come una buona parte delle istituzioni, considerano la cultura come una specie di serbatoio ricolmo di valori, ideali, simboli e via dicendo, che esercita principalmente una funzione motivazionale sul comportamento umano. Infatti, sempre più spesso viene considerata come acquisita l'esistenza dei valori e delle norme, senza però interrogarsi sulla loro origine, sulle modalità della loro generazione o sul loro sviluppo nel tempo. Allo stato attuale, invece, si cercherà di mostrare il carattere eminentemente attivo della cultura. In tal senso, si rammenterà che i fatti non possono essere compresi se non come rivelatori dei valori che esprimono e che danno loro un senso; mentre, dal canto loro, i valori sembrano trovare solo manifestazione nei fatti che li incarnano. In definitiva, questa costante correlazione tra fatti e valori sembra permeare l'intero ambito sociale, determinando delle specifiche modalità di espressione, gli stili linguistici e i comportamenti.

infatti, l'essere umano non abita un mondo di oggetti, bensì un mondo di significati. Le realtà materiali, una volta entrate in questo universo, acquisiscono una nuova identità; il passaggio dal dominio fisico, chimico o biologico a quello umano comporta sempre una trasformazione. Ogni entità assume una nuova definizione, basata sul suo ruolo all'interno del sistema di mezzi e fini che definisce l'essenza dell'umanità. Non esiste una realtà che sia puramente naturale, poiché il mondo umano è un mondo di valori, arricchito da una miriade di connessioni simboliche. Tra le peculiarità dell'essere umano risiede l'abilità di eludere i vincoli naturali, dando vita a un nuovo ordine all'interno della natura stessa, regolato da principi e strutture che l'uomo ha ideato.

Il linguaggio e il pensiero sono gli elementi chiave nella creazione della vita sociale, la cui esistenza introduce nuove opportunità per gli individui, potenzialmente in grado di ridefinire le caratteristiche stabilite anteriormente.

La distinzione, nella vita umana, tra ciò che è naturale e ciò che è culturalmente specifico tende a sfumare nell'analisi, rendendo la linea di separazione sempre più indefinibile. In realtà, le disparità tra società e natura, percepite come misura della distanza che divide la prima dalle proprie radici nella natura, si rivelano come differenze all'interno della stessa società, attraverso i vari stadi del suo sviluppo. In sintesi, la cultura non trova una natura preesistente, l'uomo non scopre un uomo antecedente a sé stesso in forma biologica prima della sua apparizione in forma non biologica.

In definitiva, l'uomo è sempre esistito in natura come essere sociale e nella società come entità naturale. Indubbiamente, da un punto di vista biologico, la natura di ogni specie, compresa quella umana, esprime il proprio modo unico di esistere, il proprio essere nel mondo, la propria cultura. La natura offre indubbiamente delle potenzialità originarie, ma l'avventura culturale inizia con la riorganizzazione di queste potenzialità, in un secondo livello di interpretazione e, soprattutto, in virtù di quel diritto di iniziativa che, in conclusione, è l'attributo fondamentale dell'umanità.

9.3 - L'individualizzazione e l'apprendimento

È possibile identificare l'essenza e l'origine dell'essere umano nella dolorosa collisione tra l'io e gli ostacoli che gli si frappongono, così come nelle conseguenze di questo confronto. In realtà, l'ambiente fisico e simbolico è inizialmente percepito dall'individuo come un ostacolo alla sua libera espressione. Ma come il seme riesce a liberarsi dal peso del terreno che lo ricopre, differenziandosi da esso e sbocciare come una pianta o un fiore, così l'essere umano si distinguerà dal suo contesto fisico e simbolico, formando il futuro nucleo della propria personalità. In questo senso, l'uomo interagirà costantemente con il suo intorno, esprimerà istinti e bisogni, elaborerà risposte, prenderà decisioni: in breve, rafforzerà la sua alterità e si individualizzerà. Si può ragionevolmente affermare che sia proprio questa ripetizione necessaria delle interazioni dell'individuo con il suo intorno a innescare il processo di apprendimento in lui. Quest'ultimo, infatti, unitamente all'eredità biologica, permette alla natura cognitiva dell'essere umano di manifestarsi, strutturando così il suo sistema di personalità. L'apprendimento sembra innescarsi quando l'individuo si trova di fronte a situazioni inedite per le quali non ha ancora risposte disponibili nel proprio repertorio. Allo stesso tempo, è importante sottolineare che nell'uomo, così come negli animali, è presente anche l'"apprendimento acquisito" o istinto, il cui obiettivo principale sembra essere l'integrazione del soggetto nel mondo fisico. Inoltre, l'istintività umana non si limita alla regolazione interna del corpo: sia la gnosi (la natura cognitiva) come pure la praxis (le sequenze motorie), apprese attraverso processi volontari di apprendimento consapevole, spesso si trasformano in automatismi che ricalcano gli istinti.

Quando si parla di personalità umana, risulta naturale interrogarsi sull'incidenza relativa dei fattori genetici e ambientali. Secondo alcuni sociobiologi, tra cui Wilson ed Eysenck, la determinazione genetica avrebbe un ruolo preminente, in particolare per quanto riguarda l'intelligenza, il comportamento sociale e sessuale, i disturbi mentali, etc. [1]. Tuttavia, per quanto significativi possano essere i fattori genetici, è indispensabile considerare anche i fattori ambientali, che completano lo sviluppo dell'individuo, in particolare attraverso l'apprendimento del linguaggio, con le conseguenti rappresentazioni mentali, costituendo un fattore di condizionamento estremamente significativo per l'individuo. È fondamentale, inoltre, non trascurare l'ambiente culturale, le tradizioni, le opinioni e l'immaginario collettivo. Tali condizionamenti sono vitali per l'essere umano, fornendo un quadro di riferimento di fronte alle infinite domande che la vita gli pone. Infatti, il patrimonio culturale offre all'individuo valori, risposte, criteri e credenze, che possono essere utilizzati temporaneamente o in modo duraturo.

Tönnies [2] propone l'idea di una coesistenza nell'essere umano di inclinazioni innate e di apprendimento. Le predisposizioni, trasmesse esclusivamente dai genitori attraverso un atto puramente biologico, contrastano con l'apprendimento che, in quanto attività essenzialmente mentale, dipende in larga misura dalla volontà dell'individuo. A questo proposito, risulta utile citare il lavoro di alcuni ricercatori americani [3] che propongono una definizione di "basic personality structure", individuante, all'interno di un determinato contesto sociale, la struttura delle attitudini e dei comportamenti che rappresentano lo status di ogni individuo. Questa "personalità di base" fornisce quindi un minimo comune vitale che garantisce l'unità e la coerenza di una cultura specifica, permettendo contemporaneamente a ciascuna persona la possibilità di distanziarsi dal modello predominante.

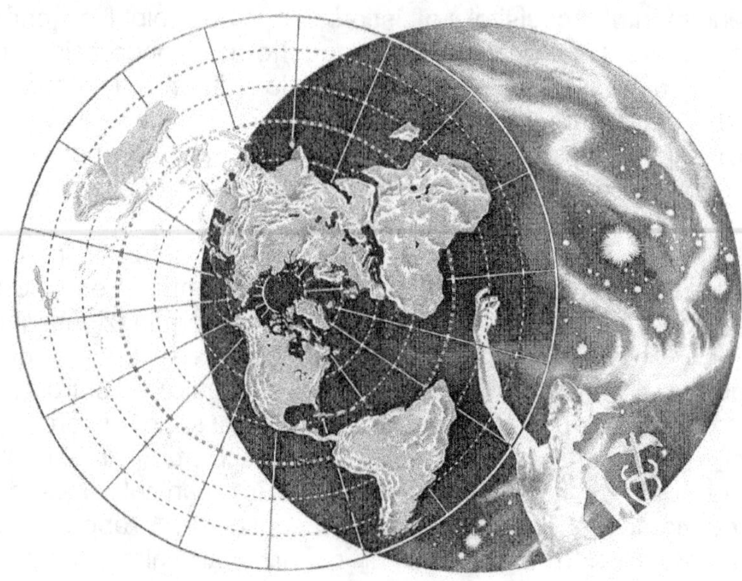

Infine, osserviamo che la personalità raggiunge la sua maturità all'interno della società. Infatti, anche se l'essere inizialmente può esprimersi attraverso la propria individualità, successivamente necessita di integrarsi in un ambiente composto da altri individui, in quanto la sua natura fondamentale è quella di essere un ente sociale. Ogni individuo riflette agli altri la propria immagine come se fosse uno specchio, fornendo così l'opportunità di identificarsi e, di conseguenza, di riconoscersi come un membro a pieno titolo della società.

Forse, per comprendere le radici profonde di questa dipendenza dall'immagine sociale, dovremmo indagare l'oscuro timore di un'esistenza priva di senso e, quindi, la ricerca di una consistenza esterna, dato che, in ultima analisi, può risultare difficile di trovarla solo all'interno di noi stessi. In questa prospettiva, vediamo nello sviluppo dell'identità e nel relativo riconoscimento sociale un fenomeno integrativo, essenziale per la formazione e il consolidamento della personalità umana.

9.4 - Simbologia, magia e religione

Sembra ragionevole affermare che l'uomo non possa mettere in atto alcuna azione intenzionale senza prima utilizzare preesistenti rappresentazioni o giudizi, principi o modi di pensare [4]. Queste entità immateriali si manifestano in varie forme: accanto alle rappresentazioni dell'uomo e della natura, si possono identificare diverse nozioni come finalità, strumento, causa ed effetto che sono intrinsecamente legate all'agire umano. Sono, dunque, concetti che hanno il compito di organizzare la sequenza delle azioni e di giustificare il ruolo e lo status dei protagonisti all'interno della società. Inoltre, grazie a questi concetti, si avrà sempre una chiara idea di quando, come e perché un certo compito dovrebbe essere eseguito.

È interessante notare come molti oggetti di uso quotidiano sembrano possedere un potere che va oltre il significato e l'utilizzo che potremmo razionalmente attribuirgli. Allo stesso modo, la vita umana perderebbe gran parte del suo fascino e della sua profondità se fosse privata della dimensione emotiva che gli oggetti di uso quotidiano acquisiscono continuamente. Infatti, sarebbe piuttosto difficile ridurre la realtà naturale e materiale ai suoi meri aspetti percettibili. Le donne e gli uomini cercano costantemente di interpretare il proprio ambiente come un insieme di forze e poteri che, nella maggior parte dei casi, sfuggono alla percezione dei sensi, pur costituendo un elemento fondamentale per la loro sopravvivenza.

Pertanto, ogni forma di azione umana rivolta alla comprensione della realtà materiale incorporerà e fonderà comportamenti materiali orientati all'aspetto visibile e tangibile dell'ambiente circostante con quelli di natura simbolica, indirizzati al suo "retroscena" invisibile. Questo spiega l'esistenza di riti, come quelli che precedono le spedizioni di caccia o quelli volti a garantire la fertilità delle donne e del terreno.

A tal proposito, vale la pena ricordare che, per C.Lévi-Strauss [5] e lo psicanalista J.Lacan [6], la nozione di simbolismo costituisce l'asse fondamentale della strutturazione culturale. Il simbolismo, concepito in quanto meramente strumentale, si rivela quindi come un sistema di rapporti efficace, con il potere di trasformare il mondo e di manifestarsi simultaneamente come una realtà alternativa. Identificato in questo modo come struttura operativa, il simbolismo può mobilitare individui e gruppi attorno a un'idea o un avvenimento, compiere miracoli, spostare le nazioni - in altre parole, esercitare un impatto sul mondo materiale e sulla psiche in un modo non dissimile dallo "sciamanesimo" esplorato da Lévi-Strauss. [7]

La magia, vista non più come una sterile tecnica basata sul mimetismo della realtà, ma come forza espressiva e agente, offre un'illuminante illustrazione della nozione di efficacia simbolica. Da un lato, la magia si colloca su un piano del tutto diverso da quello della scienza, in quanto non mira ad analizzare o spiegare il mondo, ma piuttosto a drammatizzarlo, mettendo in scena l'universo. D'altra parte, non cerca nemmeno di capire il perché delle cose, come invece fa la scienza, ma si limita a individuare ciò che sta dietro di loro e il motivo per cui un determinato evento si manifesta in un dato momento e in un certo modo. In definitiva, la magia assume le sembianze di un "linguaggio simbolico" e di un processo discorsivo sulla realtà, con una potente efficacia sociale e la capacità, in alcuni casi, di diventare un importante strumento di mobilitazione sociale. Si configura così come una delle risposte culturali adottate da una comunità in situazioni di incertezza.

Nonostante condivida origini simili con la magia, la religione si distingue in modo significativo in quanto si manifesta sia come un sistema di interpretazione dell'universo e dell'essere umano (di varia complessità e precisione) sia come un sistema specifico di azione, organizzato attorno a determinati aspetti fondamentali della vita sociale e individuale. B.Malinowski [8] si inclina a considerare la religione come uno dei bisogni integrativi dell'essere umano. Infatti, il rituale religioso agirebbe in opposizione alle forze centrifughe di terrore e demoralizzazione, offrendo contemporaneamente alla società robusti strumenti di reintegrazione. La religione assolverebbe quindi a due tipi di funzioni fondamentali: da un lato, fornirebbe risposte sistematiche a tutte le domande riguardanti l'esistenza e l'origine del mondo e dell'umanità, i poteri che la governano, la morte, e così via; dall'altro lato, legittimerebbe e convaliderebbe i vari aspetti dell'esistenza attraverso l'uso di sanzioni soprannaturali.

Al contrario, R. Firth [9] introduce una nuova prospettiva, enfatizzando il carattere simbolico della religione. Secondo l'autore,

sembra che nessuna società si accontenti delle soluzioni fornite dalla propria conoscenza empirica (o oggettiva) del mondo e degli esseri umani per risolvere i propri specifici problemi, ricorrendo invece quasi sempre a soluzioni simboliche. Pertanto, in ultima analisi, non sarà possibile comprendere a fondo una religione se non la si considera anche come una proiezione dei bisogni fondamentali. Inoltre, Firth, enfatizzando le radici comuni con la magia, sottolinea come elementi usualmente ritenuti magici possano essere rinvenuti in rituali generalmente considerati religiosi, e viceversa. In questa prospettiva, magia e religione non rappresenterebbero quindi due domini mutualmente esclusivi. Nonostante possano presentare orientamenti opposti, sia nel pensiero che nell'azione, potrebbero perfino coesistere all'interno di specifici rituali o istituzioni.

9.5 - Alle origini della cultura occidentale

Il mito appare come un deposito di saggezza tradizionale, coesivo e pervasivo, una regola di vita e un metro di conoscenza, in cui i temi umani sovrastano quelli naturali. La norma mitica radica i comportamenti correnti su modelli di condotta esemplari e originari, stabiliti dagli dèi all'alba dei tempi: la rigorosa ripetizione dei gesti divini e l'allineamento con i ritmi cosmici, forniscono la garanzia dell'efficacia e del prospero andamento delle azioni intraprese. In questo scenario, la natura non si contrappone mai all'uomo in quanto entità inanimata, bensì emerge come dotata di una vita propria. D'altra parte, se i temi mitici si affermano nell'individuo come un insieme di elementi pervasivi nel proprio ambiente e se l'integrazione di tali tematiche è garantita dal tipo di vita condotta, l'unità sociale non costituirà un problema, poiché in tali contesti comunitari e integrativi, ognuno parteciperà senza difficoltà alla concordia generale.

Con l'espansione su larga scala degli imperi, emerse la necessità di riorganizzare sia lo spazio fisico che quello mentale. L'unificazione di diversi gruppi umani sotto l'autorità di un unico sovrano comportava l'istituzione di precise norme e regole politico-sociali. Si potrebbe dire che a un'espansione dello spazio deve corrispondere un'espansione proporzionale dell'azione del pensiero, costretto a creare una certa distanza con il proprio oggetto e a stabilire regole sempre più generali, riconoscendo così il predominio della ragione. L'avvento della razionalità porta alla formazione di un nuovo tipo di civiltà, che si concretizzerà pienamente con l'instaurazione di un'organizzazione riflessiva della conoscenza nelle società umane. Solo in quel momento, la conoscenza si strutturerà nella sua specificità culturale.

Nel XVIII secolo, Helvétius [10] affermò che la cultura non solo rappresenta una "seconda natura" capace di sostituirsi alla realtà materiale circostante, ma ha bensì anche permesso l'espansione delle potenzialità degli istinti primordiali dell'uomo grazie alla sua capacità di plasmarne la natura attraverso l'educazione. In questo senso, la componente biologica, pur continuando a fornire possibilità fondamentali, viene relegata in secondo piano, mentre la cultura, riorganizzando tali possibilità, fa il suo debutto. Ma prima di arrivare a simili asserzioni si dovette attendere a lungo, infatti, per molto tempo, il predominio della sistematizzazione teologica impedì il riconoscimento di questa dualità della natura umana. Infatti, con la Chiesa che si presentava come il prototipo di società perfetta, le vicissitudini e le catastrofi umane trovavano senso solo nell'escatologia, evidenziando sempre e ovunque i disegni divini sottostanti.

Si rese necessario aspettare, prima, il Rinascimento e, poi, la Riforma per un superamento di siffatta formalizzazione dell'ordine umano. Inizialmente, l'unità del mondo medievale si frammentò in ambiti politici e religiosi autonomi, che rifiutavano categoricamente di sottomettersi a un'unica obbedienza dogmatica. Allo stesso tempo, la rinnovata riflessione sociale e politica richiedeva il riconoscimento della specificità del dominio umano. A questo proposito, il Rinascimento portò a una presa di coscienza generale della dimensione culturale nella vita individuale e sociale.

Successivamente, l'attenzione si rivolse ad uno degli aspetti più appariscenti della cultura, ovverosia a quell'insieme di "modi di fare" e di usanze che prendono il nome di consuetudini. Montaigne, nei suoi "Essais" [11], ricorda che "... la consuetudine è in verità una maestra di scuola prepotente e traditrice. Essa mette sopra di noi, a poco a poco e senza parere, il piede della propria autorità; ma da questo dolce ed umile inizio, rafforzato e ben radicato con l'aiuto del tempo, in breve, essa rivela il proprio volto furioso e tirannico, di fronte al quale non abbiamo nemmeno più la libertà di alzare gli occhi. La vediamo, ad ogni istante, forzare le regole della natura. ..." [12] Più avanti, aggiunge: "... La ragione umana è una tintura, data in ugual misura o quasi, a tutte le nostre opinioni e usanze, di qualsiasi specie esse siano: infinita come materia, infinita come varietà. ..." [13] Infine, conclude: "... Le leggi della coscienza, che noi diciamo nascere dalla natura, nascono invece dalla consuetudine; ciascuno, infatti, venerando intimamente le opinioni e gli usi riconosciuti e adottati intorno a lui, non potrà disfarsene senza rimorso né conformarli senza soddisfazione. ..." [14]

Parallelamente, nuove riflessioni hanno concentrato il loro interesse sulla storia, realizzando una vera e propria mobilizzazione ontologica e dando vita alla cosiddetta "filosofia della cultura". Tuttavia, quest'ultima non ha limitato il suo interesse solo all'approccio storico, ma ha anche cercato di riconoscere la verità radicata nel tempo e il suo specifico modo di manifestarsi nel contesto di un'epoca data. Macchiavelli, al riguardo scrisse: "... Chi vuol vedere quello che ha ad essere, consideri quello che è stato: perché tutte le cose del mondo in ogni tempo hanno il proprio riscontro con gli antichi tempi. (...) Vero è che sono le opere loro (degli uomini) ora in questa provincia più virtuose che in quella ed in quella più che in questa, secondo la forma dell'educazione, nella quale quei popoli hanno preso il modo del viver loro. ..." [15]

In altri termini, gradualmente la metafisica scende dal cielo delle idee per ritrovarsi sulla terra degli uomini e, al contempo, la cultura inizia a presentarsi come la realizzazione progressiva di un programma di felicità e di maggiore giustizia per tutti gli uomini. In questo senso, la verità non sarà solo immanente al tempo, ma lo dominerà. Più esplicitamente, Vico, sostituendo la metafisica alla maniera di Cartesio con un'approfondita riflessione sulla storia universale, sembra avvicinarsi sempre più al fenomeno totale della cultura. "... È stata l'umanità stessa a creare questo mondo di nazioni. ..." [16] In tal modo, un'analisi appropriata dei diversi paesi permetterà di discernere i segreti umani molto meglio della scienza.

In un momento successivo, ma comunque in linea con questo percorso di pensiero, Montesquieu mette in luce la connessione tra storia, scienza politica e diritto, sottolineando come si organizzino per dar forma a una sorta di storia naturale delle società. Quest'ultima, sostiene, è governata da principi di rigore paragonabili a quelli che caratterizzano i fenomeni fisici. "... Prima ho esaminato gli uomini, e ho visto che in questa infinita diversità di leggi e costumi, non erano guidati unicamente dalle loro fantasie. Ho posto i principi, e ho visto i casi particolari adattarsi ad essi come se fossero naturali; le storie di tutte le nazioni non sono altro che le loro conseguenze; e ogni legge particolare è legata ad un'altra legge o dipende da un'altra più generale. ..." [17] Così, la natura sociale appare paragonabile alla natura delle cose e, di conseguenza, può organizzarsi secondo relazioni rigorosamente intelligibili. "... il mondo materiale ha le sue leggi, le intelligenze superiori all'uomo hanno le loro leggi, le bestie hanno le loro leggi, l'uomo ha le sue leggi..." [18]

Diversi decenni più tardi, anche Hegel, mettendo in risalto l'intelligibilità intrinseca degli eventi umani e affermando che le scienze umane elaborano strutture riflettenti, sente l'esigenza di sottolineare che, nonostante la loro opacità, le cose rappresentano l'unico senso della realtà a noi accessibile. Poiché la mera ragione, nel suo continuo contrapporsi tra sé stessa e la necessità, non riuscirà mai a comprendere completamente l'intricata totalità della realtà. [19]

9.6 - La natura della cultura

In epoche più recenti, una delle interpretazioni cardine della cultura è stata certamente quella proposta da E.B.Tylor nel 1871[20]. Egli, infatti, considera la cultura come un intricato mosaico che racchiude conoscenze, credenze, arte, morale, diritto, usanze e qualsiasi altra abilità o consuetudine che l'uomo acquisisce in quanto componente della società. Analogamente, R.Linton[21], percepisce la cultura come un aggregato di sapere, atteggiamenti e comportamenti abituali, condivisi e veicolati dai membri di una specifica comunità. Infine, non possiamo tralasciare le riflessioni di J.Herskovits [22], che vede la cultura come quella parte dell'ambiente circostante direttamente generata dall'essere umano.

Una serie di affermazioni simili ha dato vita a un filone di pensiero che sembra accomunare molte teorie sulla cultura e che si è particolarmente distinto nel voler rappresentare la cultura come fondamentalmente inconscia. Da questa prospettiva, la cultura influenzerebbe direttamente il processo percettivo e interpretativo delle situazioni che stanno alla base del processo decisionale. Così facendo, sensibilizza gli individui a determinate sfaccettature della realtà, mentre li rende completamente indifferenti ad altre. Inoltre, la potenza persuasiva di tali schemi sull'individuo risulta tanto più incontrastata quanto più nascosta ed inconscia.

È interessante notare come le persone, in genere, non sono solite analizzare intenzionalmente le abitudini che modellano i loro comportamenti, l'apprendimento dei quali avviene di solito in maniera inconsapevole. Il parallelo con il linguaggio è evidente: similmente, l'apprendimento della lingua madre avviene senza una consapevolezza tangibile delle regolarità ricorrenti e delle regole grammaticali che la permeano. [23]

Proseguendo in questa stessa direzione, i lavori dell'antropologo E. Sapir[24] suggeriscono una sorta di supremazia del linguaggio sul pensiero e, quindi, sulla cultura. Senza l'apporto del linguaggio, il mondo esterno non sarebbe altro che caos. Difatti, il sistema linguistico sembra destinato a formare le idee e a guidare l'attività mentale di un dato gruppo sociale, oltre che a strutturare la sua esperienza.

Successivamente, Whorf[25] sottolinea che alcune delle categorie fondamentali del pensiero - come quelle del tempo, dello spazio, del soggetto e dell'oggetto – differiscono da un contesto linguistico all'altro. Inoltre, l'idea connessa secondo cui la struttura di una lingua e le relative abitudini linguistiche possono influenzare il modo in cui interpretiamo il mondo esterno è stata rafforzata dagli studi dell'antropologo britannico J. Goody[26] . Egli, infatti, ha dimostrato come l'uso della scrittura, in contrasto con il linguaggio orale, eserciti un notevole impatto sul nostro modo di pensare e agire. La scrittura, vista come strumento fisico che consente di registrare informazioni in modo duraturo, è alla base della formalizzazione e della logica, nonché della creazione di nuove forme di dominio sociale, politico e culturale. In questa accezione, il passaggio da una cultura orale a una cultura scritta sembra coincidere con un rafforzamento delle procedure burocratiche e gerarchiche all'interno della società.

Sotto un'angolatura differente, il lavoro di R.Benedict[27] rappresenta un tentativo innovativo di enfatizzare il carattere simbolico dei comportamenti culturali, basati su di una significazione comunicabile e condivisa dai membri di una data società. In questo senso, ogni società avrà delle proprie peculiarità distintive che permeeranno tutti i comportamenti individuali e tutte le istituzioni sociali. Nel contesto più specifico, Lévi-Strauss definisce operativamente la cultura come un frammento dell'umanità che presenta discontinuità significative rispetto al resto. Per l'Autore, tuttavia, la struttura precede ogni dato, poiché l'insieme di relazioni e principi che regolano i sistemi simbolici costituirebbero gli elementi fondamentali della realtà sociale. Questi dati, nella loro appartenenza all'inconscio strutturale, appaiono logicamente anteriori all'oggetto ed evidenziano il modo in cui la forma possa in certe circostanze precedere il contenuto. "... L'attività inconscia dello spirito consiste nell'imporre forme a un contenuto, e se queste forme sono fondamentalmente le stesse per tutti gli spiriti, antichi e moderni, primitivi e civili (...) è necessario e sufficiente raggiungere la struttura inconscia sottostante ogni istituzione o ogni consuetudine, per ottenere un principio di interpretazione valido per altre istituzioni e altri costumi...". [28]

9.7 - Per una funzione della cultura

Nonostante il riconoscimento di leggi e contenuti universali che sembrano governare l'evoluzione umana, la scuola di pensiero marxista enfatizza il carattere sovrastrutturale della cultura. Questa è vista come un semplice strumento per manipolare le masse, essendo controllata dalla classe dominante, sia economicamente che politicamente. "... La classe che ha a sua disposizione i mezzi per la produzione materiale ha con ciò in pari tempo a sua disposizione i mezzi della produzione spirituale, cosicché in tal modo a quella sono assoggettate le idee di coloro a cui fanno difetto i mezzi per una produzione spirituale. ..." [29]

Tuttavia, importanti contribuzioni teoriche sottolineano l'autonomia relativa della cultura. Tra questi, autori come Gramsci[30] e Lukács[31] meritano menzione particolare per la loro individuazione del potenziale rivoluzionario della cultura, inteso come superamento e trasformazione dell'eredità storica della cultura borghese. Il ruolo dell'intellettuale "organico" [32], infatti, si manifesta in senso dialettico solo quando opera una storicizzazione di tale eredità culturale, mettendo in luce le sue contraddizioni interne e la relatività delle sue categorie, riconoscendone così la sua modificabilità immanente.

Un'interpretazione altrettanto strumentale della cultura sembra essere altresì attribuibile al comportamentismo, con il suo costante sforzo di sviscerare i meccanismi e i contenuti culturali radicati nel comportamento, con l'unico e recondito obiettivo di controllare e influenzare le persone. "... Gli esseri umani costituiscono un dato fondamentale del nostro intorno. Viviamo tutti immersi nella nostra cultura e le nostre percezioni dipendono in gran parte dalla nostra appartenenza culturale. (...) Pertanto, sembra utile esplorare la quota del fattore culturale che influisce sulle nostre percezioni e sui valori in gioco. ..." [33]

Allo stesso tempo, Secord e Backman[34] focalizzano la loro attenzione sugli impedimenti che le culture tradizionali pongono alla diffusione globale dell'economia di mercato, con un'analisi penetrante del processo di formazione degli stereotipi culturali che richiamano da vicino le osservazioni di Malinowski [35]. Le parole autorevoli di Sainsaulieu [36], d'altro canto, delineano la cultura come un serbatoio interiorizzato [37], che viene trasmesso e costantemente elaborato all'interno di un insieme dato di valori, regole e rappresentazioni collettive che agiscono alla base dei rapporti umani.

Nell'attualità, sembrano emergere posizioni ben più consapevoli della complessità del reale: "... Ma se la cultura è prima di tutto l'eredità, le radici, la trasmissione di conoscenze, acquisizioni, gusti, essa individua anche le risposte che una società fornisce ai fatti e alle costrizioni del suo tempo..." [38] Ed un ulteriore progresso teorico conduce a considerare la cultura come un fenomeno dotato di piena autonomia. Infatti, partendo dalla constatazione della relativa indipendenza degli esseri umani rispetto ai fenomeni biologici e psicologici, A.L.Kroeber[39] perviene a considerare la cultura come il dominio del sovraorganico. La natura può quindi essere studiata su diversi livelli: l'inorganico, oggetto di studio della fisica; l'organico, indagato dalla biologia; il psichico, analizzato dalla psicologia; e infine il sovra organico, di interesse per le scienze sociali. Oltre a ciò, Kroeber mette in luce come l'apparente universalità delle varie classificazioni dei fenomeni socioculturali possa rischiare di essere semplicemente il riflesso delle categorie logiche e verbali della mentalità occidentale.

Per concludere il nostro breve excursus, ricordiamo il fatto che, nel tentativo di identificare i componenti più piccoli della cultura, diversi studiosi abbiano fatto ricorso alla nozione di "lineamento". Questo si rivela come uno dei concetti meno contestabili, data la sua bassa generalizzazione. Tuttavia, non è sempre facile distinguere un "lineamento" da un "insieme di lineamenti" (complesso culturale, etc.), inteso come un raggruppamento di elementi culturali interconnessi.

Capitolo 10: Solidarietà e reciprocità

10.1 Premessa - 10.2 Per una nuova definizione della cultura
10.3 Le risposte all'intorno materiale - 10.4 Cultura ed economia
10.5 La realtà economico-culturale come totalità

10.1 – Premessa

Proponiamo un orientamento innovativo alla cultura e alla sua definizione, mirando a superare i limiti degli approcci precedenti, in particolare rispetto al loro orientamento etnocentrico. Avanzeremo altresì un modello di cultura che integri i paradigmi della complessità, permettendo così un'interpretazione più rigorosa dei fenomeni culturali ed economici nelle differenti società, sia passate che presenti. In conclusione, cercheremo di armonizzare e riunire le manifestazioni umane nella loro indissolubile totalità, tenendo conto della specificità delle realtà socioculturali.

10.2 - Per una nuova definizione della cultura

Nei capitoli precedenti, abbiamo mostrato come l'oggettivazione e l'origine della cultura possa coincidere con la riscoperta della genuina realtà umana inaugurata dal Rinascimento. Abbiamo anche osservato come la cultura venga considerata un momento privilegiato di introspezione autonoma della personalità. È, infatti, principalmente all'interno dell'essere umano che la cultura svela le proprie molteplici funzioni. Non dobbiamo poi dimenticare che la cultura è l'apice dell'espressione della libertà umana, legittimata non solo nella continua trasformazione degli elementi circostanti, ma anche nel loro eventuale rifiuto.

Proponiamo quindi la seguente definizione: il sistema culturale consiste nell'insieme finalizzato delle risposte immateriali nei confronti di un determinato intorno materiale e simbolico, oltre che nelle componenti immateriali dell'azione umana. Di fatto, la cultura può essere percepita sia come il necessario supporto immateriale di ogni azione umana, sia come il senso del suo dispiegarsi.

Dunque, avremo a che fare con un sistema complesso, aperto e autonomo, formato dalle risposte simboliche che una società fornisce ai bisogni (fondamentalmente motivazionali e integrativi) dei suoi membri. Tali risposte potranno in seguito essere riconosciute come segni, forme o simboli dall'individuo impegnato nel processo dell'azione. In questo senso, la cultura si presenta come un insieme di elementi immateriali che tra loro mantengono coerenza. Allo stesso tempo, sarà proprio questa coesione a conferire nel tempo ad ogni cultura una distintiva tonalità estetica complessiva e un'unitarietà peculiare, raggiunta attraverso l'elaborazione collettiva degli elementi che la costituiscono, i quali rispondono a specifici bisogni sociali e individuali.

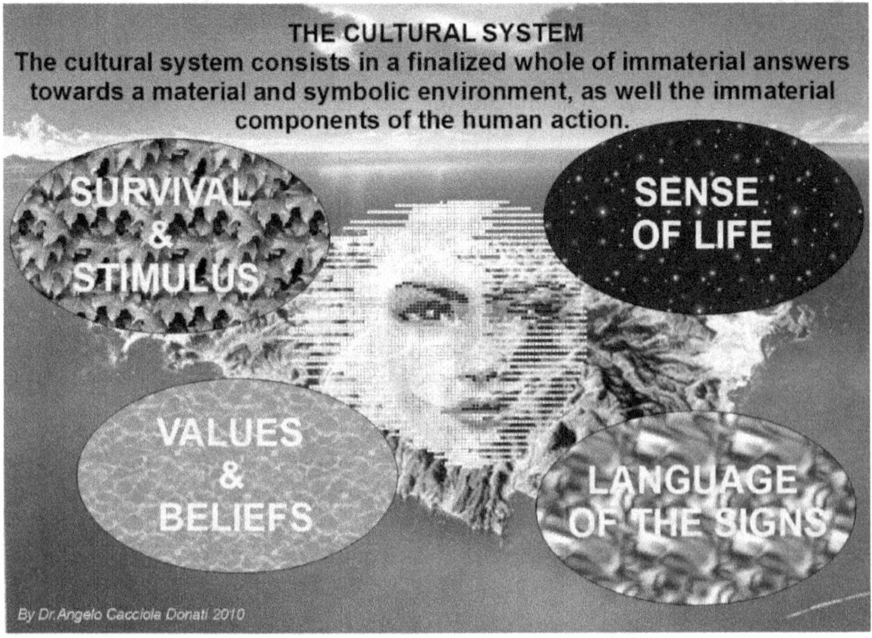

La concezione di sistema culturale può essere, dunque, estesa anche ai singoli fenomeni culturali, come una canzone, un abito alla moda, un articolo di giornale, una poesia, un quadro e via dicendo. In questa accezione, l'insieme dei fenomeni culturali rappresenta sia il momento precedente all'azione umana che la sedimentazione simbolica dei risultati di tale azione.

Proseguendo nell'ordine della precedente tavola, si può osservare che la cultura, nell'adattarsi all'ambiente fisico, si contraddistingue per una serie di risposte legate alla "sopravvivenza" individuale e collettiva. Con "sopravvivenza" intendiamo l'impulso fondamentale di persistere come individuo e come specie, un principio presente in ogni forma di vita organizzata. [1] Difatti, ciascuna cultura sembra manifestarsi e caratterizzarsi attraverso specifici approcci alla risoluzione dei problemi legati alla sopravvivenza. Si avranno dunque società i cui membri, per sopravvivere, vivranno in perfetta simbiosi con la natura (come, ad esempio, gli Indiani d'America); mentre altre praticheranno un sistematico dominio e sfruttamento della stessa. In sostanza, la sopravvivenza assumerà connotazioni differenti a seconda delle caratteristiche espresse dagli elementi immateriali coinvolti nel suo perseguimento.

Continuando con la nostra analisi, è fondamentale sottolineare che l'individuo, a un livello basilare, oltre alla soddisfazione fisica, necessita di una serie di stimoli. In questo contesto, potremmo parlare di un bisogno innato del cervello di ricevere sollecitazioni: è ben noto, infatti, che la struttura reticolare del sistema nervoso centrale risulterà meno densa in un bambino che non ha ricevuto stimoli emotivi sufficienti.

La stimolazione, quindi, rappresenta un nutrimento irrinunciabile per il sistema nervoso centrale. In realtà, senza una adeguata sollecitazione, l'esistenza umana sarebbe irreparabilmente alterata, con gravi ripercussioni sulla vita degli individui, come nel caso di una prolungata reclusione. [2] Semplificando, gli stimoli includono la luce, i suoni, la percezione tattile, il gusto, la sessualità, e così via. A un livello più complesso, potremmo riscontrare il bisogno di aggressività, di sostegno, di simpatia, di dare e ricevere affetto, e così via. Va inoltre sottolineato che la natura di questi stimoli può variare significativamente da una società all'altra.

Successivamente, è necessario considerare che il principale obiettivo della cultura sia dare un "senso" all'esistenza. Infatti, per l'essere umano, è fondamentale attribuire un significato alla propria vita, consentendogli così di strutturare il proprio tempo. A tal proposito, Godelier sostiene: "...Tutte le funzioni del pensiero convergono nella produzione di senso per organizzare o riorganizzare, partendo dalle significazioni prodotte, i rapporti tra gli individui e con la natura. Ma allo stesso tempo, la natura e l'uomo, come essere vivente appartenente a una comunità e capace di generare società, sono realtà che precedono il senso che il pensiero può dare loro e che non dipendono da questo significato per esistere..." [3]

L'esigenza di attribuire un senso alla propria vita si manifesta con una serie di risposte che differiranno da un gruppo umano all'altro. In questo ambito, rappresentare, interpretare, organizzare, legittimare sono altrettanti modi di produrre "senso". Tra queste risposte, si incontrano in primis le stesse nozioni di spazio e tempo, che contribuiscono alla strutturazione stessa del senso; non dimentichiamo, inoltre, le varie risposte ontologiche in grado di attribuire finalità alla vita umana.

A livello integrativo, la cultura avrà l'impellente necessità di essere comunicata e trasmessa, pertanto si strutturerà in un "linguaggio dei segni". Questa espressione si riferisce a un insieme coordinato di modalità comportamentali e forme di espressione e comunicazione, sottolineando così l'aspetto interrelazionale del fenomeno. Più nello specifico, con "segni" ci riferiamo a tutti quegli elementi simbolici che derivano dalle azioni attuali e da quelle pregresse.

Questi possono includere simboli grafici o fonetici, stili e mode, usanze e costumi, riti e gesti, e così via. Infatti, i cosiddetti "linguaggi dei segni" possono includere una vasta gamma di forme espressive come la lingua, i comportamenti, le relazioni (di accoppiamento, di parentela, ecc.), i rituali, il totemismo, la musica, la pittura e altri. Questo sottosistema, in ultima analisi, sembra inglobare tutte le risposte fornite da una collettività al proprio bisogno di fondersi in una comunità sociale unica e distintiva. Per tale ragione, il significato più profondo di un "linguaggio dei segni" si svelerà di solito solo a chi è in grado di partecipare pienamente alla vita della comunità che lo ha generato.

Infine, la cultura stessa richiede degli impulsi motivazionali, che saranno forniti dai valori e dalle credenze. Più in dettaglio, i valori possono essere visti come un insieme, più o meno strutturato, di facoltà e attitudini, spesso antagonisti tra di loro, capaci di guidare i sistemi di preferenza dei gruppi sociali.

I valori possono richiamare sia principi, giudizi o rappresentazioni, sempre e comunque impregnati di una forte carica di attrazione o repulsione. Infatti, rappresentano l'insieme di risposte, generalmente di natura etica, fornite da una comunità, in un dato momento e contesto, ai bisogni motivazionali dei propri membri. Come esempi di valori, possiamo citare: la sincerità, la spontaneità, la razionalità, l'amore, il lavoro, la bontà, e così via.

10.3 - Le risposte all'intorno materiale

Anche se, a prima vista, la natura e la società possono sembrare due entità chiuse e funzionanti in modo autonomo per la maggior parte del tempo, concretamente sono intrinsecamente collegate: la natura, in quanto ambiente o biosfera più ampia, racchiude la società, esattamente come le sfere celesti nell'astronomia aristotelica racchiudono i pianeti inferiori. Di fatto, i confini tra natura e cultura tendono a sfumarsi quando consideriamo la parte di natura direttamente manipolata dall'uomo e a lui sottomessa (strumenti, vestiti, animali e piante domestiche, armi...). Questo aspetto della natura non può mai essere estraneo alla cultura, alla società, alla storia. Infatti, questa "natura esterna" rappresenta una realtà continuamente modellata dal pensiero (cosciente e incosciente, individuale e collettivo) e dall'azione umana.

Nell'interazione con l'ambiente fisico, le proprietà organiche e inorganiche della specie entrano in gioco, insieme alla tendenza innata di tutti gli esseri viventi a moltiplicarsi e a coordinare le loro azioni in un contesto favorevole. Così facendo, la società si fonda sulla natura e continua ininterrottamente a rinnovarne il basamento. Questo non avviene solo attraverso la creazione di strumenti o l'esecuzione di attività specifiche come la caccia, la costruzione, la raccolta o la coltivazione, ma anche attraverso la sua capacità di trasformare le forze materiali in qualità fisiche e psicologiche. In questo contesto, le modalità attraverso le quali gli uomini e le donne agiscono sul loro ambiente materiale, nonostante diverse manifestazioni, avranno sempre una dimensione sociale, anche se possono essere intraprese a livello individuale. In definitiva, la natura rispecchia all'uomo la sua essenza intrinseca: quella di essere un membro di una specie animale, dotato di un corpo fisico e condizionato dall'imprescindibile necessità di vivere in società per garantire la propria riproduzione.

Nel contempo, l'intorno fornisce all'umanità elementi materiali indispensabili. Questi includono i mezzi di sussistenza, gli strumenti di lavoro e produzione (come utensili o materie prime per fabbricarli) e i mezzi necessari per costruire gli aspetti materiali dei rapporti sociali, che costituiscono la struttura specifica di una società, includendo rapporti di parentela, politici, religiosi, e così via. Nell'ambito di questa discussione, C.D.Forde, nel suo libro "Habitat, Economy and Society" [4] ha sottolineato, attraverso l'analisi di diverse società arcaiche, come l'ambiente naturale esprima delle esigenze estremamente generiche, alle quali l'essere umano può rispondere in molteplici modi. Ecco perché, ad esempio, l'abitazione di un eschimese si distingue da quella di un Tchouktchi della Siberia, nonostante il loro ambiente naturale sia molto simile.

I casi da considerare sono innumerevoli, ma tutti sembrano convergere sulla concezione che l'intorno naturale non imponga costrizioni rigide, ma ponga piuttosto dei vincoli, permettendo un'ampia gamma di risposte alternative e una grande varietà di soluzioni. In effetti, sebbene la natura collochi delle sfide, fornisce contemporaneamente gli strumenti per superarle. L'intera storia dello sviluppo tecnologico consiste nel superamento di questi limiti esistenti. In questa prospettiva, le relazioni tra l'essere umano e il suo habitat dovrebbero essere viste come l'azione dell'uomo sulla natura: più avanzate sono le tecniche, più un gruppo umano può manipolare il proprio intorno a piacimento, favorendo l'emergere di un "intorno secondario" o "artificiale" rispetto all'habitat naturale. Nel trascorrere della loro storia, ogni comunità umana ha plasmato modi di percepire la realtà sia interna che esterna alla propria organizzazione. Queste sensazioni costituiscono un patrimonio di conoscenze che ogni membro deve acquisire per essere accettato e integrato nel gruppo. In tal senso, sembra che sia la cultura a palesare a ciascun gruppo umano la sua specifica identità, guidando inoltre il proprio peculiare modo di organizzarsi e funzionare.

Nella sua analisi della società industriale contemporanea, P.Bourdieu[5] evidenzia l'esistenza di molteplici habitus, ovvero insiemi di comportamenti caratterizzati per la loro persistenza e sistematicità, e di gusti tipici dei vari gruppi sociali. Egli sottolinea come ciò che differenzia principalmente questi gruppi sia la diversa estensione e composizione dei rispettivi capitali culturali o simbolici. Questi ultimi, a loro volta, svolgono un ruolo irrinunciabile nel processo di riproduzione sociale, favorendo i membri le cui preferenze si allineano più da vicino a quelle socialmente "legittimate". In effetti, tali individui hanno le maggiori opportunità di mantenere la propria posizione nella gerarchia sociale e, se necessario, di perpetuarla di generazione in generazione. Tuttavia, bisogna ricordare che "... le basi della legittimazione culturale vanno oltre l'aspetto diretto dell'influenza, degli interessi e della solidarietà, in quanto affondano le loro radici a livello societale, nell'adesione attiva ('engagements') ai valori. ..."[6]

In conclusione, da un lato, la maniera in cui un gruppo umano percepisce e interpreta la natura non sarà necessariamente correlata alle effettive caratteristiche del suo habitat; dall'altro lato, le informazioni provenienti dal cosiddetto intorno secondario o artificiale si intrecceranno e si sovrapporranno a quelle dell'habitat naturale nelle cosmogonie e nelle mitologie tradizionali. In questo modo, l'insieme delle arti, delle tecniche, delle discipline e dei miti manifesteranno gli sforzi compiuti dalle società nel corso della storia per integrare donne e uomini all'interno del flusso cosmico.

10.4 - Cultura ed economia

Se da una parte la cultura trae dall'economia il sostegno materiale indispensabile per la sua espressione, d'altra parte, l'economia deve alla cultura i suoi valori e strutture implicite. Pertanto, la stessa forma in cui l'economia è concepita da una determinata società assumerà connotati profondamente culturali.

L'economia politica, considerata come disciplina scientifica, ebbe origine in Inghilterra tra la fine del XVIII secolo e l'inizio del XIX secolo, con le opere di autori come A.Smith[7], D.Ricardo[8], J.Stuart Mill[9] e K.Marx[10], [11]. In Francia, si sviluppò un movimento precursore rappresentato dalla scuola fisiocratica, con F.Quesnay[12] come figura di spicco. Inizialmente, l'economia politica aveva lo scopo di descrivere i meccanismi di produzione e distribuzione della ricchezza all'interno delle emergenti società capitalistiche industriali e, in tale senso, costituiva anche una teoria sociologica. In generale, i fondatori della disciplina cercavano di riflettere sulla dimensione economica, tenendo conto di inserirla nel contesto della propria realtà sociale e politica.

La scuola formalista dell'economia politica, tuttavia, ben presto trascurò ogni tipo di analisi sociologica. In questa prospettiva, non erano più possibili mediazioni sociali, culturali o politiche tra la produzione di ricchezza e la sua distribuzione, basandosi tutto il sistema su individui astratti e liberi da qualsiasi legame sociale [13]. Di conseguenza, l'economia politica neoclassica [14], per spiegare il valore e l'obiettivo dei beni e dei servizi prodotti e scambiati, ipotizzava che ogni attore avesse a disposizione una quantità limitata di beni per soddisfare bisogni illimitati. Postulava inoltre che ogni individuo agisse in modo "razionale", ovvero combinando al meglio i beni limitati a sua disposizione per soddisfare i propri bisogni infiniti, in altre parole, per "massimizzare" la propria soddisfazione.

In sostanza, con questo approccio, la teoria economica riduceva la società a uno spazio dove si situavano l'offerta e la domanda, ignorando così le peculiarità della realtà economica nelle società precapitalistiche: scambio non mercantile, distruzione di surplus, organizzazione del lavoro all'interno della famiglia, tra gli altri. La scuola formalista dell'economia politica, infatti, negava ogni diversità. La "teoria economica convenzionale" (conventional economic theory), ossia l'insieme delle proposizioni elaborate dagli economisti neoclassici, sosteneva di poter esprimere tutti i comportamenti e i rapporti economici osservabili nelle società umane, riducendoli a un unico principio. In linea con ciò, l'"economia pura" di Walras veniva presentata principalmente come una teoria relativa alla determinazione dei prezzi in un regime ipotetico di libera concorrenza assoluta. Il suo oggetto di studio, "la ricchezza sociale", veniva definito come l'insieme di tutti gli oggetti, materiali o immateriali, suscettibili di avere un prezzo. L'agente economico walrasiano era supposto massimizzare la propria soddisfazione, vale a dire il proprio reddito monetario, in base all'utilità attribuita da lui stesso a determinati beni.

Di conseguenza, l'"economico" non si basava più sulla mera possibilità di effettuare una scelta, ma sulla realizzazione concreta di quest'ultima attraverso una decisione monetaria basata sull'"utilità intensiva" di un bene. A sua volta, questa utilità, espressione della relazione tra l'aumento del prezzo e la diminuzione della domanda provocata da tale incremento, presupponeva l'esistenza precedente di un mercato ipotetico in cui i venditori e gli acquirenti di servizi e beni potessero incontrarsi.

Gran parte della teoria economica formalista si basa quindi su una serie di presupposti relativi all'individuo, al bisogno, alla scarsità e alla pura logica prasseologica. Inoltre, queste nozioni sono spesso stabilite senza alcuna riflessione preventiva sul loro contenuto e, frequentemente, solo sulla base della loro presunta ovvietà intrinseca alla condizione umana stessa; in tal modo, il riferimento alla loro verosimiglianza ne legittima l'uso.

Prenderemo ad esempio, l'idea stessa di bisogno che, così come viene presentata, semplifica eccessivamente la condizione umana, riducendola principalmente a funzioni fisiologiche e materiali. È necessario sviluppare una nozione di bisogno che definisca il suo contenuto in relazione a pratiche sociali concrete e all'interno di culture specifiche. Infatti, ciò che distingue il bisogno umano da quello animale è in gran parte l'investimento simbolico o sociale posto sull'oggetto del desiderio. Nel caso del bisogno alimentare, il valore che questo assume in ogni cultura va oltre la semplice soddisfazione fisiologica o la semplice opposizione tra cibo commestibile e non commestibile. Ad esempio, stabilendo all'interno dei prodotti commestibili una distinzione tra quello che è mangiabile e non mangiabile, l'investimento simbolico e sociale crea "il cibo" nel senso culturale del termine. Questo ordina gli alimenti in una gerarchia che trascende i gusti individuali specifici e si afferma come uno dei valori culturali condivisi dall'intero gruppo. [15]

Nelle attuali condizioni, si ha a che fare con un sistema culturale e sociale che, dopo aver suscitato ed organizzato dei bisogni, indirizza e programma la produzione. Esisterà quindi una sorta di mediazione culturale e sociale tra i bisogni e la produzione, poiché ciò che viene considerato in quanto necessità primaria sarà in realtà un'espressione secondaria delle relazioni e dei valori forniti dalla cultura di una particolare società, intesi come elementi che la struttura produttiva, a sua volta, incorporerà nel processo di creazione degli oggetti.

In definitiva, il sistema culturale che definisce i bisogni e il tipo di produzione delle società industriali moderne sembra tradursi in una struttura gerarchica del consumo, orientata alla competizione e alla ricerca di differenziazione tra i consumatori. Inoltre, questa struttura sarà a sua volta condizionata da un insieme di valori e pratiche di ordine storico, sociologico e, psicosociologico, favorendo così la divisione della società in classi o categorie sociali, diversificate tra loro dal comportamento specifico dei loro membri.

Relativamente a questo, nel suo "Social Choice and Individual Values" [16], Arrow sottolinea come, in generale, sussista una differenza sostanziale tra, da un lato, le scelte e i consumi degli individui e, dall'altro lato, i loro criteri generali di equità. Infatti, potremmo riferirci alla prima categoria come rappresentante i gusti individuali e alla seconda come riflettente invece i valori [17].

10.5 - La realtà economico-culturale come totalità

Una visione olistica della società, l'unica capace di afferrare la complessità della realtà, richiede di prendere in considerazione simultaneamente tutti i sottosistemi che la costituiscono. Questo approccio si riflette nella definizione antropologica di "fatto sociale totale" [18], introdotto inizialmente da Bronislaw Malinowski ed elaborata successivamente da Marcell Mauss. Il "fatto sociale totale" fornisce una base teorica per l'idea che un notevole numero di fenomeni sociali non si manifestino a un unico livello, ma coinvolgano direttamente l'intera società e tutte le sue istituzioni: giuridiche ed economiche, religiose e simboliche, e così via. [19]

Un esempio classico di "fatto sociale totale" è fornito dal sistema di scambio cerimoniale polinesiano noto come "Kula", studiato da Bronislaw Malinowski nelle sue monografie e a cui ci siamo riferiti in precedenza [20], [21]. In questo contesto, la realtà socioculturale appare caratterizzata da una profonda coerenza logica complessiva, poiché si manifesta come l'espressione esterna di una serie omogenea di presupposti concettuali riguardanti l'ordine del cosmo e l'ordine della società. In quest'ottica, una piena comprensione della realtà sociale può essere raggiunta solo attraverso una "conoscenza profonda", acquisita solo partecipando costantemente alla vita di una comunità.

Il concetto di "fatto sociale totale" respinge quindi ogni definizione aprioristica e rappresenta uno spazio mentale corrispondente a un orizzonte in cui vengono negoziati i rapporti di valore che costituiscono la dimensione umana. Questa realtà è ricca di significati che si accumulano e che vengono costantemente messi in discussione dallo sviluppo della cultura stessa.

D'altro canto, sembra che ogni ambito culturale stabilisca un sistema di corrispondenze con i bisogni essenziali dell'essere umano, radicati nella natura biologica, pur con la consapevolezza che il loro sviluppo consapevole può realizzarsi solo nell'ordine della storia. La relatività dei valori, nonostante un certo grado di unitarietà di base, sembra giustificata sia di diritto che di fatto, poiché ogni valore specifico presuppone una programmazione globale delle esigenze umane.

Nella medesima accezione, il mito può essere considerato come un pensiero incarnato e non è separabile dall'esperienza vissuta, alla quale conferisce un senso immanente, privo di deformazioni. In tal modo, il semplice tentativo di interpretare un mito in modo dettagliato ne altererà e svuoterà la sostanza. Per queste ragioni, soprattutto quando si tratta di civiltà diverse da quella occidentale, si ritiene opportuno proporre un approccio che non separi analiticamente l'aspetto creativo da quello modale o formale all'interno delle varie attività economiche.

Riprendendo le parole di Watts, si cercherà di concentrare l'attenzione sul fatto che "... la logica e il significato, con il loro intrinseco dualismo, appartengono al pensiero e al linguaggio, ma non al mondo reale..." [22] Infatti, "... la conoscenza riflessiva si esprime attraverso l'ordine del discorso, organizzandosi così sulla base di una spiegazione sistematica. Il mondo non verbale, concreto, non contiene classi o simboli che rappresentino o significhino altro da sé stessi. Di conseguenza, questo mondo non contiene dualismi. Il dualismo infatti sorge quando classifichiamo, quando distribuiamo le nostre esperienze in caselle mentali, poiché una casella non è mai una casella senza una parte interna e una parte esterna..." [23]

In conclusione, andando più a fondo nella riflessione, si metterà in risalto la specificità di ogni sistema economico e, in particolare, come ciascuno rappresenti una sorta di accumulazione originale delle esperienze vissute da una determinata etnia: il suo adattamento a determinate situazioni dell'ambiente naturale, le innovazioni nel senso stretto del termine, l'assimilazione di elementi provenienti da altre popolazioni. Infatti, sarà grazie alle esperienze precedenti che i bisogni di uomini e donne potranno essere soddisfatti da una grande varietà di tecniche organizzative, e secondo orientamenti complessivi estremamente diversificati.

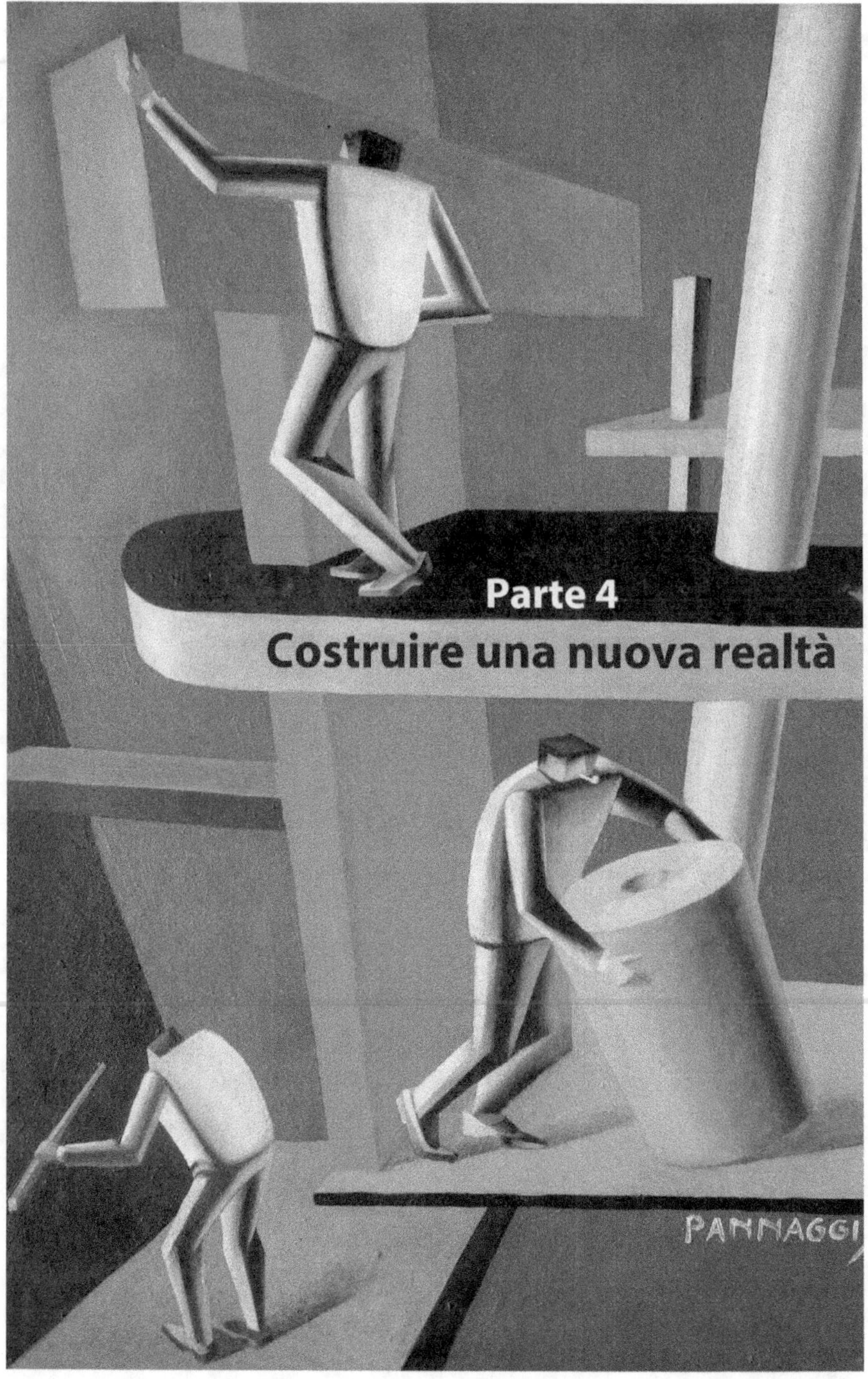
Parte 4
Costruire una nuova realtà
PANNAGGI

Capitolo 11: Tra libero mercato e tradizioni

11.1 Premessa - 11.2 L'azione economica nelle società tradizionali
11.3 Le contraddizioni del libero mercato - 11.4 Miti, storia e persistenze culturali
11.5 Realtà sociali e contesti produttivi

11.1 – Premessa

Avvalendoci della nostra definizione di cultura, intesa come insieme finalizzato delle risposte immateriali nei confronti di un determinato intorno materiale e simbolico, concentreremo prima l'attenzione sul ruolo svolto dalla cultura nelle attività economiche all'interno delle società tradizionali. Successivamente, ci dedicheremo a un'approfondita riflessione sulle incongruenze insite nel libero mercato. Mentre, in seguito, proporremo una serie di considerazioni riguardanti le persistenze delle culture tradizionali nelle società contemporanee, analizzando il modo in cui queste influenzano i vari ambiti produttivi. Infine, descriveremo i sorprendenti risultati ottenuti attraverso una investigazione partecipativa realizzata nei Paesi Baschi nel biennio 1994-1995, nel contesto della mia tesi di dottorato (PhD.) in scienze economiche e sociali presso l'Università di Fribourg (Svizzera).

11.2 - L'azione economica nelle società tradizionali

L'agire umano all'interno dei sistemi economici e sociali tradizionali raramente può essere ricondotto esclusivamente alla sfera economica. In genere, gli obiettivi e le motivazioni che stanno alla base di ogni singola azione tendono a intersecarsi e sovrapporsi incessantemente. Nell'ottica delle società tradizionali, sembra che le diverse funzioni e necessità dell'operare umano si fondano armoniosamente nel tessuto della vita quotidiana.

Generalmente, nelle società tradizionali, ciò che si offre e ciò che si riceve assumono il significato di un legame voluto: un'operazione sintetica in cui ogni scambio va ben oltre la semplice trasmissione di una specifica risorsa, implicando il dono e la trasmissione di valori.

Condividere implica infondere continuità in azioni discontinue, spingendo le parti a instaurare una relazione, mirando a una restituzione onesta a lungo termine e rivendicando un diritto su beni futuri.

L'industrializzazione ha rivoluzionato le interazioni tra produttori e consumatori. Nei sistemi arcaici, assistiamo al predominino dei rapporti interpersonali che facilitano un adattamento reciproco, mentre, con l'ascesa della produzione industriale, il consumatore viene escluso dal processo di preparazione del prodotto, che diventa quindi un fenomeno a lui estraneo. In tal modo, viene introdotta la discontinuità nella continuità, liberando gli attori dall'obbligo di una relazione con l'altro

Tuttavia, gli esempi menzionati nei capitoli precedenti evidenziano alcune costanti fondamentali. La prima è l'innata consapevolezza dei limiti che caratterizzano l'esistenza umana. Ogni individuo sviluppa la propria vita sociale in vari contesti, ciascuno con spazio, tempo e risorse distinti. Alla fine, può verificarsi un disallineamento all'interno di uno di questi contesti, quando lo spazio, il tempo e le risorse richieste dall'insieme dei mezzi supereranno la scala naturale corrispondente [1]. In queste condizioni, si attuerebbe un fenomeno di omeostasi dell'uomo con il proprio ambiente. "... Le soglie oltre le quali si profila la distruzione non determinano l'intervallo di gradi entro cui una società limita volontariamente l'uso dei suoi strumenti. Le soglie naturali sono l'effetto della necessità, i limiti culturali sono il frutto della libertà. (...) La necessità di determinare delle soglie di utilizzazione delle risorse e di non oltrepassare i confini predefiniti è presente in tutte le società. La fissazione dei limiti dipende dal modo di vita e dal grado di libertà desiderato da ogni comunità. ..." [2]

Dalla consapevolezza dei limiti intrinseci sembra emergere anche il desiderio di mantenere un equilibrio tra i fini e i mezzi. In altre parole, si tratta dell'equilibrio dell'azione "... È l'equilibrio tra il prezzo personalmente pagato e il risultato ottenuto, è la consapevolezza che mezzi e fini si bilanciano. Quando lo strumento asservisce il fine che dovrebbe servire, il fruitore diventa preda di una profonda insoddisfazione. ..." [3]

Infine, si noterà che la percezione del tempo nelle società tradizionali è nettamente diversa da quella contemporanea. In effetti, il tempo personale e sociale, ancora secoli dopo il Medioevo, avevano un valore escatologico, orientandosi in funzione del grandioso progetto di Dio che prendeva forma nella storia. Il fedele e la Chiesa erano coinvolti in un dramma universale che si dispiegava dalla Creazione all'Incarnazione e, dopo l'Incarnazione, fino alla fine dei tempi. In questo modo, la storia diventava lo scenario di tali concezioni, la cui portata includeva il destino di ciascuno.

Analiticamente, l'architettura del processo generale dell'azione economica giunge a una dimensione concettuale notevolmente distinta da quella proposta da Parsons. [4] L'essere umano possiederà caratteristiche che lo rendono strutturalmente omogeneo alla sua collettività, in modo da identificare simultaneamente sia l'individuo sia la società nel suo complesso. [5]

In questo senso, la percezione dei bisogni e gli obiettivi dell'azione economica si svilupperanno all'interno di una continua dialettica individuo-società, in cui il benessere dell'individuo dovrà concretizzarsi nella salvaguardia e nel benessere del tutto.

Questa fusione dell'individuo con la società si riflette in modo speculare nell'armoniosa unione dei momenti produttivi con le attività di svago e di interazione sociale. In questo scenario, la produzione rappresenta semplicemente una delle tante espressioni di una vitalità che segue ritmi naturali.

11.3 - Le contraddizioni del libero mercato

Nell'Occidente, la stessa concezione di misura sembra essere radicata profondamente nella natura della mente: si è inclini a concepire la mente e lo spirito in termini più astratti che concreti. In altre civiltà, al contrario, il mondo non è mai stato percepito come una sostanza primaria plasmata in diverse forme dalle forze della mente o dello spirito. E non è mai emerso il dilemma di come un intelletto, per definizione impalpabile, possa influenzare una materia solida. A proposito di ciò, Alan Watts afferma che, semplificando, la differenza principale sta nel fatto che gli idealisti occidentali iniziano la loro filosofia da una distinzione tra mente (o spirito), forma e materia, mentre i buddisti da una divisione tra mente e forma. [6]

Nella seconda metà del XIX secolo, le élite occidentali, entusiasmate dalle scoperte tecnologiche e dalle relative applicazioni nel mondo materiale, si trovarono nella posizione di poter giustificare e perpetuare il proprio dominio sociale. Per fare ciò, idearono una serie di dottrine filosofiche pseudoscientifiche. Con l'espansione dell'industrializzazione e la conseguente necessità di coinvolgere milioni di persone, si fece pressante l'esigenza di creare una narrazione che potesse giustificare la rivoluzione in corso. All'inizio, attraverso un incessante lavoro di catechesi, si intraprese il progetto di eliminare le credenze tradizionali nelle comunità e di limitare l'influenza della religione. L'unico credo che doveva essere legittimato era quello dell'individualismo e del tornaconto, marginalizzando e bollando come obsoleto qualsiasi altro convincimento. Con queste premesse, il nuovo culto del "libero mercato" vide gradualmente la luce e, grazie all'estrema semplicità dei suoi paradigmi, ebbe una diffusione straordinaria in tutto l'Occidente.

La filosofia fondamentale sottesa, al di là della raffinatezza formale delle rappresentazioni matematiche, si rivelava in realtà piuttosto elementare, riducendosi ad alcune considerazioni di Léon Walras [7]. La sua teoria dell'equilibrio economico generale postulava l'economia al modo di un sistema di vasi comunicanti, dove una variazione in un mercato (come un incremento della domanda per un certo bene) si propagava attraverso l'intera economia, analogamente all'acqua che si sposta tra vasi comunicanti, influenzando prezzi e quantità in tutti gli altri mercati.

L'equilibrio generale si realizza quando, in ogni mercato, la quantità offerta di ogni bene o servizio coincide con la quantità richiesta. Il mantra del "libero mercato" regna sovrano non solo sul piccolo schermo, ma anche nelle aule universitarie, dettando le visioni politiche e sociali dell'Occidente e oltre. Pertanto, risulta di vitale importanza operare una relativizzazione storica del nostro sistema economico che, è opportuno ricordare, rappresenta soltanto un breve intervallo nell'arco della millenaria storia dell'umanità. Come ricordato anteriormente, dobbiamo a Polanyi [8] l'illuminante evidenza che l'economia non si situi costantemente nello stesso spazio o nei medesimi rapporti sociali nelle varie società e nell'arco della storia. Piuttosto, assume forme mutevoli a seconda della sua interazione con i meccanismi dei rapporti di parentela o di quelli politico-culturali. In realtà, un'analisi accurata della storia economica svela che la logica intrinseca delle società tradizionali è quasi l'opposto di quella sottesa all'economia politica classica. Polanyi sostiene che: "... Alla luce delle nostre conoscenze attuali, dobbiamo quasi invertire l'ordine del ragionamento: il vero punto di partenza è il commercio a lungo termine, risultato della ubicazione geografica delle merci, e della "divisione del lavoro" nata da questa localizzazione. ..." [9]

Tuttavia, per un esame più profondo della questione, si dovrebbe, senz'altro, guardare allo sviluppo dell'antropologia economica. Questo campo consolida la convinzione che l'impulso verso l'utile non sia un tratto intrinseco all'essenza umana. "... Una delle caratteristiche distintive dell'economia primitiva è l'assenza di qualsiasi desiderio di trarre vantaggio, sia dalla produzione che dallo scambio. ..." [10] Ed, ancora: "... È fondamentale mettere in discussione, una volta per tutte, il concetto dell'"uomo economico primitivo" che si trova nei manuali di economia politica..." [11] In modo analogo, vediamo come certe convinzioni profondamente radicate nella società contemporanea vengano messe in prospettiva.

Si svela, tra le altre cose, come la motivazione al lavoro non sia sempre stata legata al desiderio di una retribuzione. "... Il beneficio, stimolante per il lavoro in comunità più recenti, non svolge mai questo ruolo nell'ambiente indigeno originale. ..." [12] O ancora: "... in nessuna parte di una società che non è stata subordinata, si troverà il lavoro associato all'idea di un pagamento..." [13] In merito, le stesse ricerche antropologiche di Marshall Sahlins [14] evidenziano come le nozioni di scarsità e di bisogno possano differire nelle varie culture.

Nell'analisi complessiva di Sahlins, viene enfatizzato il modo in cui ogni società stabilisca il proprio livello di bisogni e come siano quest'ultimi, una volta socializzati, in grado di creare la sensazione di scarsità o abbondanza, e non il contrario. Inoltre, basandosi sui dati etnografici disponibili, l'antropologo evidenzia come in tutte le società primitive vi sia una tendenza alla sottoproduzione e alla sottoutilizzazione delle capacità lavorative.

Questa tendenza è associata alla valorizzazione di altre attività, come gli scambi cerimoniali, l'ozio, le feste o il divertimento. In una direzione simile, si delinea la visione di Polanyi, che definisce l'economia come: "...un processo istituzionalizzato di interazione tra l'uomo e il suo ambiente, che si manifesta nella fornitura continua di mezzi materiali per soddisfare i bisogni..." [15].

L'attività economica, quindi, assumerà tutte le caratteristiche di un processo, ossia sarà vista come un insieme di "movimenti": di produzione, di circolazione e di appropriazione, dei beni materiali. Inoltre, tale processo mostrerà una notevole stabilità e coerenza, in quanto funzionerà grazie a delle istituzioni, ovvero a dei rapporti sociali generalizzati tra gli individui di una specifica collettività.

In un periodo più recente, alcuni sociologi ed economisti, come J. Baudrillard [16], M.Guillaume [17] e J. Attali [18], hanno messo in evidenza come lo stesso sistema economico della produzione mercantile generi costantemente dei bisogni artificiali, con lo scopo sia di rinvigorire la produzione sia, più semplicemente, di permetterle di operare a piena capacità. In questo modo, all'azione economica dello scambio di merci si aggiungerebbero una serie di attitudini e comportamenti non strettamente economici, come il prestigio, la

distinzione o la moda. Nella sua disamina della società moderna, J.Baudrillard introduce il concetto di "oggetti-simbolo" riferendosi ai beni di consumo. Baudrillard postula che, oltre alla loro utilità (il valore d'uso) e al loro valore di scambio, gli oggetti prodotti industrialmente debbano essere considerati all'interno di un sistema di valori o simboli esclusivamente sociali (il valore-simbolo). Infatti, non si sceglie un prodotto qualsiasi, da un posto qualsiasi, per un uso indifferente. Con l'atto del consumo, l'acquirente tende a sottolineare la propria appartenenza a una determinata classe sociale, il proprio allineamento alla tendenza del momento, il proprio snobismo, la propria originalità, e così via [19].

In altre parole, i bisogni, che una certa teoria economica considera come preesistenti alla produzione, sono in realtà anch'essi culturalmente determinati. In sintesi, la diffusione universale dei postulati dell'economia neoclassica sembrerebbe rappresentare la proiezione diretta di uno schema culturale e di un modello storico-sociale specifico, quello della società capitalista, sull'intero panorama delle altre società e culture.

Fortunatamente, sembra emergere la consapevolezza che il capitalismo non rappresenti l'intero ambito dell'attività economica, non inglobi la totalità della società produttiva e non riesca nemmeno a integrare pienamente né l'una né l'altra in un sistema che possa essere considerato conveniente.

11.4 - Miti, storia e persistenze culturali

La linea di demarcazione tra le civiltà alfabetizzate e quelle orali è netta sia spazialmente che temporalmente. Esistono culture che, grazie alla scrittura, si sono munite di uno strumento di memorizzazione senza pari e di un metodo per l'accumulo del sapere, contribuendo in maniera significativa all'avanzamento tecnologico. D'altra parte, vi sono culture la cui eredità intellettuale e la cui fede religiosa si fondano esclusivamente sulla tradizione orale. In queste società, l'assenza di scrittura ha portato a privilegiare la tradizione, culminando in un modello culturale incentrato sulla ripetizione, in netto contrasto con l'innovazione. Solitamente, la tradizione si manifesta come una serie di abitudini che implicano principalmente una ripetizione quasi meccanica, piuttosto che una sistematizzazione di carattere intellettuale.

Questi comportamenti automatici sembrano far riferimento ad archetipi mentali ampiamente condivisi all'interno di popolazioni che abitano territori culturalmente uniformi. Nelle teorie di Jung, si individuano due approcci agli 'archetipi': uno incentrato nella loro origine genetica, ereditato dalla psicanalisi, e l'altro strutturale, radicato nel pensiero moderno. Nella prima accezione, Jung descrive gli archetipi come 'immagini primordiali', 'immagini originali', 'prototipi' o 'sedimenti mnesici', sottolineando così la loro remota origine nel passato dell'umanità. Gli archetipi sarebbero, quindi, tracce ereditarie delle prime esperienze esistenziali dell'uomo nei confronti della natura, degli altri e di sé stesso.

Parallelamente, l'approccio strutturalista riconosce negli archetipi delle forme capaci di plasmare mitologie e comportamenti, riconoscibili come principi regolatori e come 'a priori' dell'esperienza. In sostanza, nel loro aspetto inconscio, gli archetipi emergono come forme dinamiche che influenzano le singole immagini, le organizzano in costellazioni sulla base di questi 'a priori', trasformandole in miti. In questa prospettiva, l'"inconscio collettivo" potrebbe essere visto come una struttura mentale di cui le mitologie ne rappresentano la manifestazione. [20] Per di più, l'archetipo non è una mera immagine, ma piuttosto un'energia generatrice di immagini. Il simbolo rappresenta l'esplicitizzazione di un archetipo nascosto, impossibile da esprimere in sé, essendo una pura forma e avendo una struttura occulta.

Tali simboli, a loro volta, possono aggregarsi e fondersi fino a dar vita a un mito. Nonostante la loro varietà, dovuta anche all'influsso delle condizioni sociali, gli archetipi ne individuano il nucleo organizzativo, conferendo loro una coerenza d'insieme. In questo contesto, le vicende sociali possono trasformarsi in miti solo se si lasciano plasmare da questi 'a priori' dell'inconscio collettivo. [21]

Il mito emerge come uno dei principali meccanismi di memorizzazione impiegati dalle società prive di scrittura, consentendo di penetrare in profondità dove l'organizzazione del gruppo e i modelli culturali inconsci possono essere percepiti. Allo stesso tempo, il mito funge da linguaggio che simbolizza una porzione di realtà, utilizzando un codice di trasposizione che necessita preliminarmente di essere decodificato. In definitiva, la mitologia rappresenta una raffigurazione del reale sorprendentemente accurata, ma che richiede una costante interpretazione. Questa modalità comunicativa trova grande favore nelle società arcaiche, agendo come riferimento a un antecedente indiscusso, per quanto continui a essere utilizzata anche nell'attualità, nel formalismo giuridico e nei rituali ufficiali. Spesso, il contenuto di un mito appare come una sorta di riflessione inversa sull'organizzazione sociale, similmente a un'immagine riflessa capovolta in uno specchio. In questo scenario, sembra che nella dialettica che collega i miti alle strutture sociali, i miti possano offrire le soluzioni, i rimedi, e persino i rimpianti.

Studi scientifici sottolineano la persistenza straordinaria degli archetipi e dei miti correlati. In questo contesto, il professor Lara osserva: '... Le funzioni del cervello umano, come quelle intuitive ed emotive, tipicamente localizzate nel sistema limbico, dimostrano una resistenza sorprendente ai nostri tentativi di modellizzazione e formalizzazione, benché abbiano un carattere più 'animale' e siano strettamente legate alla base biologica. ..." [22]

In merito, potrebbe essere appropriato discutere di un tipo di eredità culturale che agisce come efficace baluardo contro le energie disgregatrici provenienti dalle forze esterne di una determinata società. "... La cultura, rivelando le capacità adattative ed evolutive di un gruppo legate alla sua storia e al suo contesto, costituisce un nucleo di resilienza e protezione. ..." [24]

In generale, si può ragionevolmente sostenere che la cultura attivi il proprio retaggio attraverso un'interazione con l'ambiente circostante. Difatti, la trasformazione di un sistema sociale sembra seguire un movimento di formazione e di cambiamento che, pur in presenza di fattori innovativi, preserva in un contesto diverso certe caratteristiche del sistema al quale si sostituisce. Questo permette a Meillassoux di osservare in merito a dei rilevanti elementi culturali: "... queste istituzioni conservatrici non derivano dai riflessi dell'economia mercantile i mezzi per la propria espansione; al contrario, impediscono l'espansione attuando vari metodi di sterilizzazione del prodotto sociale..." [24]

In questa stessa ottica, considerando le nuove città dell'Africa Sub-sahariana nate in seguito al periodo coloniale, numerosi autori [25] notano come queste urbanizzazioni non siano mai state semplici accumuli di individui. Le relazioni di carattere tradizionale sono state mantenute, sebbene in modo frammentato, o sono state ristabilite non appena possibile.

Allo stesso modo, vengono organizzati gruppi capaci di trasferire comportamenti tradizionali nelle condizioni di vita urbana, come ad esempio le molteplici strutture di mutuo soccorso. Forme ancestrali di raggruppamento o di relazione sono applicate, sia integralmente sia parzialmente, anche se a volte acquisiscono nuove funzioni: così facendo, i legami etnici, pur creando opposizioni tra i nuovi cittadini, contribuiscono contemporaneamente a integrarli in una nuova società.

Inoltre, spesso vengono adottate istituzioni completamente nuove, che tuttavia ricevono una particolare impronta dal contesto culturale tradizionale. Al riguardo di ciò, Herskovits [26] ha coniato il termine di "reinterpretazione", riferendosi ad un processo sociale attraverso il quale nuovi elementi assumono significati antichi.

Una riconsiderazione selettiva degli elementi culturali del passato sembra rappresentare un aspetto fondamentale in questi contesti, nei quali i contributi culturali occidentali assumono un significato in larga misura inedito. Le dinamiche di questo tipo sono di varia natura e sembrano collocarsi lungo l'asse che va dalla "perpetuazione" dell'antico all'"assimilazione" del nuovo [27]. Ciascuno di questi elementi ha il compito di ripristinare una certa coerenza nelle società in stato di crisi, esprimendo tale condizione in tutta la sua interezza. In un certo senso, si tratta di fenomeni correlati alle tensioni adattive: sono sforzi diretti a trovare una soluzione alle profonde difficoltà derivanti dal tentativo di conciliare tra loro istituzioni, pretese e valori sia antichi che moderni.

Non importa quanto siano disorganizzate, si tratterà di reazioni positive di protesta, di affermazione della dignità personale, di rivendicazione della conoscenza e del potere. L'accento verrà posto sia sull'organizzazione degli elementi simbolici che di quelli pratici, con l'intento di concretizzare in modo dinamico ed emozionante la speranza che gli uomini e le donne nutrono di riconquistare il controllo sul proprio destino.

In conclusione, alcuni esempi evidenziano come l'ambito tradizionale possa dar luogo a una ricalibrazione positiva del modello classico di sviluppo, generando un modello di modernizzazione unico e originale, capace di coinvolgere l'intera comunità. "... I Binandere in Papua, per esempio, sono riusciti a garantirsi un'espansione economica controllata. Lo hanno fatto inizialmente grazie all'uso di tecniche moderne, adatte sia alle esigenze della popolazione del villaggio che all'organizzazione consuetudinaria del lavoro comunitario e, in seguito, grazie alla destinazione di una parte della produzione alle attività cerimoniali tradizionali.

Infatti, gli scambi competitivi di cibo e prodotti artigianali, che avvengono in queste occasioni, hanno permesso la partecipazione attiva e motivata dell'intera collettività alle imprese collettive di produzione e, di conseguenza, hanno contribuito al rafforzamento della coesione, della solidarietà e dell'identità delle comunità di villaggio in un nuovo contesto di unificazione e uniformazione nazionali..." [28]

Nelle Isole Trobriand, rinomate per lo scambio cerimoniale noto come "kula", lo sviluppo autogestito promosso dagli abitanti locali acquista un significato univoco nel contesto della particolare importanza accordata ai valori comunitari. "... Risvegliando le feste tradizionali incentrate sullo scambio competitivo di piantine di igname, i Trobriandesi hanno allo stesso tempo ripreso le attività di giardinaggio, trascurate per molto tempo, riducendo così la loro dipendenza dall'esterno. Inoltre, la riscoperta dei motivi artistici tradizionali, che accompagna la rinascita delle attività cerimoniali, ha permesso di affrontare la minaccia di alienazione culturale che il turismo di massa faceva pesare sulla popolazione, e l'ha spronata a prendere il controllo di quest'attività sulle isole..." [29]

Una dialettica simile tra continuità e cambiamento può essere osservata anche all'interno della società industriale moderna. Un esempio rilevante proviene dal Valais in Svizzera, oggetto di un'analisi dettagliata condotta da M. Kilani: "... L'agricoltura di montagna in Valais copre (...) un insieme complesso di pratiche, comportamenti e valori che partecipano a entrambi i registri della modernità e della tradizione. Aderisce alla modernità nel senso che costituisce un luogo di forte intervento da parte dello Stato e del mercato sotto forma di miglioramenti delle strutture fondiarie, di pianificazione del territorio, di incoraggiamento alla meccanizzazione e di sovvenzioni (...) L'agricoltura di montagna partecipa alla tradizione nella misura in cui esprime il mantenimento e il rafforzamento di un'attività che la maggior parte degli osservatori considerava come una "sopravvivenza" destinata a scomparire sotto l'effetto dell'industrializzazione della montagna, e nella misura in cui non persegue un obiettivo strettamente economico...." [30]

Così, sembra che si possa affermare che ogni istituzione umana con caratteristiche di permanenza debba essere necessariamente legata a un bisogno anch'esso persistente. In modo simile, una logica di permanenza sembra sottendere le varie manifestazioni del cambiamento sociale, evidenziando una continua rielaborazione e rinnovamento della società.

Questo in relazione diretta con una serie di bisogni fondamentali della vita sociale, come la socialità, un certo senso di reciprocità negli scambi, e una comunicazione costante con il sacro o con i valori trascendentali.

Concluderemo proprio attraverso la lente delle persistenze culturali, con alcune interessanti osservazioni di Mauss. A proposito della civiltà germanica, l'autore sottolinea come essa sia rimasta a lungo al di fuori dei mercati, conservando molte delle sue caratteristiche feudali e contadine; in questa cultura, infatti, il concetto e le stesse parole di prezzo di acquisto e di vendita sembrano avere un'origine abbastanza recente.

Anticamente, i germanici avevano sviluppato tutto un sistema di doni reciproci [31]. "... Nella misura in cui - ed era considerevole - i clan all'interno delle tribù, le grandi famiglie indivise all'interno dei clan, e dove le tribù tra loro, i capi tra loro, e persino i re tra loro, vivevano moralmente ed economicamente al di fuori delle sfere chiuse del gruppo familiare, lo facevano sotto forma di doni e alleanze, con pegni e ostaggi, con banchetti, con regali, i più grandi possibile, attraverso i quali comunicavano, si aiutavano, si alleavano. ..." [32]

Nei villaggi germanici, fino a poco tempo fa, esisteva un'istituzione che, oltre a persistere nella morale e nei costumi della popolazione rurale, ha ancora un'importanza straordinaria nella vita economica: il "Gaben". "... Durante il battesimo, le comunioni, i fidanzamenti, il matrimonio, gli ospiti - che spesso comprendono l'intero villaggio - dopo il banchetto nuziale, ad esempio, o il giorno precedente - o il giorno successivo - (Guldentag) presentano regali di nozze il cui valore supera di gran lunga i costi della cerimonia. In alcune regioni tedesche, è proprio questo Gaben a costituire la dote della sposa, che le viene presentata la mattina delle nozze, ed è a lui che viene dato il nome di Morgengabe.

In alcuni luoghi, la generosità di questi doni è una garanzia della fertilità della giovane coppia. L'instaurazione di rapporti durante il fidanzamento, i vari doni che i padrini e le madrine fanno nei vari momenti della vita, per qualificare ed aiutare (Helfete) i loro figliocci sono altrettanto importanti.

All'interno di queste tradizioni si riconosce il tema, ancora familiare a tutti i nostri costumi, tutte le nostre fiabe, tutte le nostre leggende dell'invito, della maledizione lanciata dalle persone non invitate, della benedizione e della generosità degli ospiti, soprattutto quando sono fate. ..." [33]

Ancor oggi, una parte significativa dell'etica e della vita stessa persiste in un'atmosfera dove dono, obbligo e libertà si fondono, confondendosi. Non tutto è ancora classificato in termini di acquisto e vendita. Un dono non ricambiato fa ancora sentire inferiore chi lo ha accettato, proprio come la carità continua a ferire coloro che la ricevono.

In conclusione, nella competizione tra individui, si possono ancora rintracciare le tracce dei vecchi e tradizionali "potlatch" indiani. "... In questa vita a parte che è la nostra vita sociale, noi stessi, non possiamo "rimanere indietro", come si dice ancora da noi. Bisogna restituire più di quanto si è ricevuto. Il "giro della bevuta" è sempre più costoso e più grande. (...) Si può addirittura dire che una parte del nostro popolo si comporta costantemente in questo modo e spende senza contare quando si tratta dei suoi ospiti, delle sue feste, dei suoi "regali". (...) Solo cinquant'anni fa e forse ancora di recente, in alcune parti di Germania e Francia, tutto il villaggio partecipava al banchetto nuziale; l'assenza di qualcuno era un cattivo segno, presagio e prova di invidia, di "malaugurio". In Francia, in molti luoghi, tutti partecipano ancora alla cerimonia. In Provenza, alla nascita di un bambino, ognuno porta ancora il suo uovo e altri regali simbolici. ..." [34]

E anche gli oggetti venduti sembrano ancora avere un'anima, essendo indissolubilmente legati al loro precedente proprietario. "... Nella valle dei Vosgi, a Cornimont, l'usanza seguente era ancora diffusa fino a poco tempo fa e forse persiste ancora in alcune famiglie: affinché gli animali acquistati dimenticassero il loro precedente padrone e non fossero tentati di ritornare "a casa", si faceva una croce sullo stipite della porta della stalla, si conservava la cavezza del venditore, e si dava loro del sale con la mano. (...) Ma molti altri usi francesi evidenziano la necessità di staccare l'oggetto venduto dal venditore, ad esempio: battere sull'oggetto venduto, frustare la pecora che si vende, eccetera..." [35]

Sembra che le vecchie legislazioni sulle assicurazioni sociali siano ispirate al principio secondo cui, avendo il lavoratore dato la sua vita e il suo lavoro alla comunità, lo Stato, in quanto rappresentante della comunità, dovrebbe garantire a quest'ultimo una certa sicurezza nella vita, contro la disoccupazione, la malattia e la vecchiaia. Parallelamente, sembra che la società desideri riconnettersi con la sua unità sociale fondamentale. Infatti, spesso, si ha l'impressione che l'individuo sia immerso in uno strano stato d'animo, in cui si intrecciano la consapevolezza dei propri diritti con altri sentimenti molto più puri: la carità, il servizio sociale, la solidarietà. I temi del dono, della libertà e degli obblighi derivanti dal dono sembrano così riemergere nelle culture attuali, come un motivo troppo a lungo dimenticato.

11.5 - Realtà sociali e contesti produttivi

Recentemente, gli economisti hanno cominciato a sviluppare una serie di metodologie che non demonizzano o minimizzano le deviazioni dal modello di concorrenza. Questi nuovi approcci mirano a rendere molto più complesso il concetto di mercato, facendo sì che i confini esatti di una singola impresa diventino estremamente sfumati. In questa nuova visione, un'azienda non viene più vista come un'isola di coordinamento in un oceano di relazioni non coordinate, come quello tipico del mercato, ma piuttosto come una cellula altamente permeabile del mercato stesso. I confini di questa cellula sono definiti da una complessa e ambigua combinazione di variabili sia esterne che interne.

Nonostante ciò, la difficoltà che gli studiosi sociali incontrano nel tracciare linee di discontinuità territoriale nei fenomeni sociali, evidenzia come gran parte dell'economia politica rimanga ancorata a un'astrazione: il mercato di concorrenza perfetta. Questo schema, nella sua aspirazione a raggiungere certi livelli di precisione analitica e di estetica, esclude dal nucleo concettuale dei fatti sociali quegli aspetti umani che avrebbero potuto fornire una solida base per una suddivisione spaziale basata sulla specificità territoriale. In effetti, gli economisti, attraverso un sofisticato gioco di ipotesi semplificatrici e di riferimenti ad altre discipline come la sociologia e l'antropologia, tendono spesso a veicolare, insieme ai loro modelli teorici, una visione di ciò che è considerato fondamentale e di ciò che è ritenuto superficiale nella realtà sociale. Questo approccio finisce per precludere ogni legame storico-geografico con il comportamento dell'attore economico, fulcro della loro teoria.

D'altro canto, la capacità di individuare specifiche formazioni sociali locali ben definite e distinguibili presuppone l'esistenza di forme organizzative peculiari dell'economia, differenziate a livello regionale, a cui corrispondano specifiche manifestazioni politiche e culturali. In questo modo, l'ambito regionale si configura come un contesto di rilevanza per la definizione degli attori sociali e delle loro interazioni. Storicamente, a una fase di operatività in piccole entità territoriali, prevalentemente in quasi autarchia, dove la cultura, radicata nelle proprie componenti rurali e agricole, rimaneva facilmente accessibile a tutti, ha fatto seguito un periodo di differenziazione profondamente caratterizzato dal contatto con il territorio condiviso.

Inoltre, i meccanismi caratteristici di queste realtà territoriali sembrano evolversi secondo un insieme di connessioni peculiari al sistema, in grado di utilizzare le informazioni provenienti dall'esterno senza compromettere la propria vitalità interna, pur continuando a differenziarsi dal contesto umano più ampio.

Il radicamento regionale appare comportare specifiche capacità evolutive identificabili su due diversi livelli, logicamente interconnessi. Il primo si riconosce nell'apertura regionale, legata all'assorbimento di energia e informazione: immigrazione, attrazione di investimenti, fenomeni di decentramento, ecc. Il secondo livello, invece, è collegato al concetto di sistema autopoietico (o autoreferenziale), sviluppato di recente. A tal proposito, è importante sottolineare che l'idea centrale di questo concetto è che gli elementi di un sistema sono prodotti e riprodotti dal sistema stesso, secondo un codice di differenziazione autoreferenziale. Questo movimento circolare di connessione riproduttiva è inoltre una conseguenza logica dell'apertura del sistema all'ambiente: senza di essa, il sistema cesserebbe di sussistere, considerando che la sua esistenza stessa è intesa come una continua differenziazione dal suo contesto.

I vari contesti produttivi si sono sviluppati in un lasso temporale che non è meramente meccanico, ma piuttosto storico, o meglio ancora, come un tempo misurato secondo le regole dialettiche dello sviluppo, dell'organizzazione e dell'entropia. Sin dall'inizio, il tempo richiede non solo durata, ma anche continuità; e il vettore di questa persistenza risulta meno profondamente radicato nelle sue componenti fisiche che negli aspetti socioculturali legati al territorio. In questo ambito, il lavoro emerge come un fattore produttivo consapevole, capace di sviluppare attitudini di cooperazione o antagonismo, non solo in rapporto alle specifiche relazioni industriali vigenti in un dato settore e territorio, ma soprattutto in relazione ai valori socioculturali sviluppati attraverso l'appartenenza a una data comunità [36].

In altre parole, si può sostenere che in tali contesti si sviluppa un legame locale forte, con una riproduzione dei fattori lavorativi che non si limita alla sola azienda, ma si estende all'habitat e all'intera comunità. In questo senso, i lavoratori sono più un prodotto della società che dell'industria.

In ultima analisi, queste componenti irriducibili della riproduzione della manodopera permettono di tracciare una possibile spiegazione della stabilità culturale ed etica delle diverse regioni, nonché delle origini delle differenze in termini di capacità, autonomia e creatività.

La crescita di questi sistemi territoriali sembra radicarsi nella capacità di rinnovare, in funzione di un moderno sviluppo, tutte le forze e le risorse che la preesistente struttura economica e sociale ha messo a disposizione. In molti casi, si assiste a un'industrializzazione che valorizza e rivoluziona un'arte o una tradizione manifatturiera preesistente. Ad esempio, a Sfax, in Tunisia, la piccola impresa e l'artigianato tradizionale hanno costituito il motore di una straordinaria dinamica di attività industriali e di innovazioni tecniche, mentre in Camerun si è registrata un'evoluzione simile. [37] Allo stesso modo, i sistemi locali portoghesi e spagnoli mettono in luce una valorizzazione e una modernizzazione delle loro lunghe tradizioni manifatturiere. Ancora a Sfax, numerose officine meccaniche collaborano tra loro, e sono presenti imprese che lavorano insieme alla realizzazione di prototipi, concordando un utilizzo più razionale delle rispettive capacità produttive.

In generale, l'esistenza di un sistema socioculturale comunitario, all'interno di una realtà locale, sembra rappresentare un fattore significativo che è in grado di stimolare un'industrializzazione contraddistinta da iniziative decentralizzate. Nel nord del Portogallo, il tessuto comunitario della società persiste grazie a una piccola agricoltura familiare, necessaria non solo per la riproduzione della forza lavoro, ma anche per lo sviluppo di iniziative imprenditoriali. A sua volta, la società di Sfax può essere definita come un insieme di comunità fondate su attività rurali, commerciali e artigianali, e basate su un set di valori e riferimenti culturali correlati al comportamento economico. In Camerun, una struttura sociale estremamente organizzata, un forte senso di solidarietà e un sistema di primogenitura applicato alla successione, sono all'origine di uno sviluppo robusto e spontaneo delle piccole imprese. Infine, a Taiwan, l'omogeneità della società, l'abitudine di vivere in gruppi organizzati e l'agevolezza delle relazioni sociali, sembrano costituire il fondamento dello sviluppo industriale dell'isola.

Gli elementi strutturali suindicati concorrono a formare, da un lato, consuetudini e una regolamentazione territoriale dall'identità fortemente radicata a livello culturale, e, dall'altro lato, evidenziano un ambito territoriale dotato di un'autonomia profondamente radicata. Tuttavia, identità e autonomia non equivalgono ad isolamento. Infatti, tali sistemi territoriali manifestano un'ampia capacità di reagire agli stimoli esterni, accompagnata da una corrispondente capacità di assimilare influenze esterne favorevoli al proprio sviluppo. [38]

In un'analisi approfondita condotta in Italia, si sostiene: "... i frutti migliori di questo impasto umano si colgono all'evidenza solo in certi luoghi della Toscana; nella combinazione di "botteghe" artigiane ed opifici industriali di Firenze, nell'intreccio di affari e di astuzie della tessile Prato, nella mescolanza di tradizioni, operaia ed artigiana, di Empoli, o di Sesto, o di Pontedera-Cascina. (...) In questi luoghi si produce, insieme alla stoffa ed al mobile, al vasellame ed alla camicetta, un clima speciale, in cui la base tecnica del lavoro si respira nell'aria, le invenzioni, specie le piccole, si trasmettono senza attrito, le idee fruttuose trovano orecchie attente, le notizie sui mercati, sulla moda, si diffondono rapidamente. ..." [39]

In definitiva, sembra esistere un patrimonio urbano che può trasformarsi nella principale risorsa per stimolare una robusta crescita e sviluppo. Di conseguenza, risultano fondamentali le tradizioni artigianali che non sono state spazzate via dall'industrializzazione, l'abitudine ai mercati internazionali, le risorse e le competenze finanziarie.

Completando l'analisi, è infine importante ricordare che, "... facendo perno su vecchie comunità si attivano i nuovi distretti industriali, sui quali gravita la società contadina in trasformazione. L'unità di riferimento per l'analisi di questa società è la famiglia. Si trattava in realtà di vere e proprie unità produttive, con divisione interna del lavoro e strutture di autorità ben definite. Nonostante alti e bassi economici nel corso del tempo, tali famiglie erano organismi capaci di un certo controllo sul proprio destino, abbastanza autonomi da sperimentare capacità organizzative, abbastanza stabili nel tempo da sedimentare le proprie esperienze, durati abbastanza a lungo per arrivare all'appuntamento con mutate condizioni generali. ..." [40]

Capitolo 12: Verso nuovi cieli

12.1 Uscire dal brutto sogno - 12.2 Le regine del mondo
12.3 In cammino verso nuovi cieli - 12.4 I Paesi Baschi
12.5 L'indagine partecipativa

12.1 - Uscire dal brutto sogno

Nell'approfondire lo studio delle società che hanno solcato il palcoscenico della storia prima di noi, emerge un interrogativo fondamentale: come vivevano realmente le persone comuni? Mentre la gran parte dei libri di storia si focalizzano sulle gesta di re e regine e sugli eventi di grande portata, pochi si soffermano sulla quotidianità dell'individuo medio. Per comprendere quest'aspetto, diventa spesso necessario ricorrere alle testimonianze indirette offerte dalla letteratura e dalle arti, o affidarsi a quei pochi studiosi che hanno dedicato la loro attenzione al popolo non nobiliare. Affrontare questo tipo di studio storico richiede però un cambio di prospettiva: dobbiamo mettere da parte il nostro etnocentrismo occidentale e aprire la mente ad abitudini e comportamenti che potrebbero apparire atipici rispetto a quelli a cui siamo abituati. Il nostro sguardo sulla storia deve diventare panoramico, capace di accogliere una molteplicità di esperienze umane, affinché si possa comprendere appieno la ricchezza e la complessità delle civiltà passate.

Nei precedenti capitoli abbiamo esplorato una varietà di comportamenti economici che divergono significativamente da quelli prescritti dal libero mercato. Abbiamo scoperto una gamma di approcci insoliti, talvolta più efficaci e solidali di quelli a cui siamo abituati. Questi esempi sono ampiamente soddisfacenti per sfatare il mito del nostro sistema economico come unico possibile, o perlomeno come il migliore. Nonostante ciò, continueremo a sottolineare un punto fondamentale: nelle singole società, le attività economiche sono profondamente radicate nella specifica cultura e visione del mondo.

La nostra società è indiscutibilmente permeata dal paradigma del libero mercato che pervade ogni angolo della nostra esistenza quotidiana. Non esiste oggetto, servizio o emozione che non venga incessantemente ridotto a mera merce e immesso nel mercato globale. Persino nelle nostre relazioni familiari e amicali, è difficile resistere alla tentazione di mettere l'interesse personale al centro delle nostre interazioni.

La nostra vita non segue più alcun ritmo naturale, ma è pilotata da una serie di bisogni - spesso superflui e talmente radicati dentro di noi da renderne difficile la distinzione.

A meno di eccezioni privilegiate, le nostre giornate sono dominate dagli imperativi economici del lavoro e del consumo. Nella maggior parte dei casi, il lavoro non rappresenta un'effettiva realizzazione personale, ma una necessità irrinunciabile. Per quanto riguarda il consumo, basterebbe fermarsi un attimo per esaminare ciò di cui abbiamo veramente bisogno: sia nel carrello della spesa, sia nel modo in cui "consumiamo" il nostro tempo libero. Tuttavia, seguire un percorso divergente è un compito arduo che implica la deviazione dalla dicotomia lavoro/consumo, rischiando di conseguenza la disapprovazione e la marginalizzazione sociale.

Purtroppo, con l'avvento dell'intelligenza artificiale, le opportunità di modellare non solo i nostri acquisti, ma anche i nostri desideri, sono aumentate in maniera esponenziale. Internet e i canali di comunicazione, dopo aver acquisito informazioni personali attraverso i vari profili nella rete, ci seguiranno incessantemente, proponendoci servizi e prodotti che non avevamo nemmeno considerato, ma che si rivelano rispondenti alla nostra situazione contingente. Inoltre, un'ignoranza persistente e la diffusa mancanza di una conoscenza generale inducono ampie fasce della popolazione a comportamenti altamente nocivi.

Ci concentreremo solo su alcuni dei più evidenti. Tra questi, il gioco d'azzardo assume un ruolo di primo piano, anche per il numero crescente di individui coinvolti. L'avidità e la cupidigia, efficacemente iniettate nelle menti più vulnerabili, rappresentano emble-maticamente la condizione umana nel regime del libero mercato. Uno studio condotto da H2 Gambling Capital nel 2022 ha rivelato che in nazioni come l'Australia, le persone spendono in media 1.288 dollari all'anno nei giochi d'azzardo, seguita da Singapore (1.174 dollari), Irlanda (588 $), e Canada (568 $), dove ben tre quarti della popolazione scommette costantemente. [1] Gli effetti sulle diverse fasce della popolazione, in particolare tra i giovani e gli anziani, sono drammaticamente visibili a chiunque voglia aprire gli occhi.

Si osservano famiglie distrutte, individui ridotti alla povertà, e innumerevoli casi di suicidio. Nel contempo, la pubblicità del gioco d'azzardo è onnipresente: online, nelle applicazioni, sui canali televisivi e così via. Nondimeno, i governi nazionali accolgono con favore gli ingenti benefici derivanti dalle tasse sui giochi, anche se i derivanti costi sanitari e sociali del gioco d'azzardo superano decisamente questi introiti.

Incapaci di godere serenamente del meritato riposo annuale, molti hanno trasformato le loro vacanze in una frenetica gara a ostacoli senza una meta precisa. Oltre 900 milioni di turisti hanno viaggiato su scala internazionale nel 2022, anche se non hanno ancora raggiunto il picco di 1,5 miliardi del 2019. [2] Le città storiche di tutta Europa sono invase e trasfigurate da queste masse di turisti, anche se gli effetti più devastanti si riscontrano nei paesi in via di sviluppo, dove le locali comunità societali sono state completamente stravolte. Sistemi economici millenari sono stati corrotti e sradicati per fare spazio a resort e complessi turistici, mentre la popolazione locale è stata assorbita nei servizi delle strutture alberghiere o semplicemente allontanata dalle zone coinvolte, perdendo accesso alle proprie risorse tradizionali. Tuttavia, l'aspetto più paradossale e rappresentativo è costituito dalla dinamica stessa del viaggio, che può essere descritta come di seguito.

Dopo interminabili ore, trascorse in fila all'aeroporto e controlli degradanti, ci imbarcheremo su di un aereo che ci trasporterà, forse, all'altro capo del mondo. Ad attenderci ci sarà una guida locale e un autobus che ci condurrà all'hotel prenotato, il quale raramente rispecchierà la versione presentata online.

Successivamente, saremo invitati a un aperitivo e a visitare le strutture del complesso turistico: piscine, spiagge idilliache, campi sportivi, bar, ristoranti, discoteche, palestre e così via. Il tutto circondato da un alto recinto, sorvegliato da telecamere e guardie, discretamente armate.

Da subito ci vengono comunicate le linee guida da osservare per la nostra sicurezza: le uscite dal resort sono consentite solo se accompagnati e nel contesto di gite organizzate. Già dal primo giorno prendono il via una serie di tornei sportivi e competizioni dal divertimento discutibile; seguono poi corsi di yoga, cucina, teatro, giardinaggio e molto altro. Nel frattempo, si formano gruppi di persone o coppie; la comunicazione non rappresenta un problema, dato che la maggior parte di noi parla la stessa lingua e condivide abitudini simili. Effettivamente, le imprese del settore curano attentamente questi dettagli, al fine di far sentire il turista in un ambiente familiare. Tornando a casa, se avremo la sincerità di fare un esame di coscienza, ci accorgeremo di non aver interagito nemmeno con un singolo abitante del luogo e che non abbiamo la minima idea di come vivano. Invece, abbiamo conosciuto persone di cui non ci interessa nulla e il nostro corpo è tempestato di punture d'insetti. Certo, il mare era cristallino e il resort era splendido, ma sentiamo un vuoto... per di più, siamo più stanchi di quando siamo partiti e con un ulteriore debito bancario da ripagare.

Viaggiare può essere un'esperienza profondamente arricchente nella vita di una persona, ma si distingue nettamente da quanto precedentemente descritto. Esplorare nuovi contesti geografici presuppone la disponibilità e la volontà di mettersi costantemente in discussione. Nel sistema attuale, per stabilire un autentico legame con la popolazione locale, sarà necessario evitare i circuiti turistici tipici e impegnarsi in qualche attività nel paese ospitante. Inoltre, sarà opportuno ricordare che il turismo di massa ha un impatto significativo sull'ambiente. Focalizzandoci unicamente sull'aviazione, osserviamo che il settore, con più di 200.000 voli al giorno, ha emesso nel 2019 circa 915 milioni di tonnellate di CO_2 a livello globale, corrispondenti al 2,1% delle emissioni annuali totali prodotte dall'uomo.

Le considerazioni precedenti ci conducono a riflettere su uno degli aspetti più insensati del nostro sistema economico: la devastazione dell'ambiente naturale e la conseguente alterazione della vita umana. [3] Siamo ormai pienamente consapevoli delle devastanti conseguenze del cambiamento climatico causato dall'inquinamento, ma le nostre istituzioni non vanno oltre sterili esortazioni e i ricorrenti convegni sull'argomento. Infatti, l'implementazione di misure efficaci contro l'inquinamento si scontra con l'opposizione ferma di numerose multinazionali, che spaziano dai settori dell'automobile all'aviazione, dal turismo alla produzione di massa, e così via.

Tuttavia, negli anni di restrizioni alla mobilità imposte dalla pandemia del COVID-19, abbiamo potuto assistere a un notevole miglioramento delle condizioni ambientali, che ha permesso di identificare chiaramente i principali responsabili.

Indubbiamente, uno degli impatti positivi più significativi che sono venuti alla luce durante la pandemia è il miglioramento della qualità dell'aria. È fondamentale rilevare che con l'attuazione dell'isolamento sociale, la mobilità si è ridotta notevolmente, portando a un decremento nelle emissioni di anidride carbonica (CO_2) e di diossido di azoto (NO_2), e conseguentemente a una diminuzione nell'utilizzo di combustibili fossili. Numerosi studi hanno evidenziato una marcata e consistente riduzione di NO_2 nell'aria in numerose città gravemente colpite dai contagi di COVID-19. Uno studio condotto da Chen [4] mette in evidenza una significativa riduzione dei livelli di inquinamento, conseguenza della quarantena imposta su vasta scala in Cina.

I risultati del suo lavoro hanno chiaramente dimostrato che le strategie di contenimento messe in atto per contrastare la diffusione del virus hanno portato a miglioramenti tangibili nella qualità dell'aria e, di conseguenza, hanno originato enormi benefici tra le persone affette da disturbi respiratori. Le vite salvate grazie a questo miglioramento hanno ampiamente superato il numero delle vittime accertate di COVID-19 in tutta la Cina. In altre regioni del mondo, come Europa, l'inquinamento atmosferico ha subito un drastico calo. Ad esempio, la riduzione dell'utilizzo dell'automobile ha comportato una diminuzione delle emissioni di gas serra. [5]

Tuttavia, risulta estremamente preoccupante constatare come tali evidenze vengano offuscate dai mass-media e, ancor più gravemente, dai governi, i quali non sembrano intenzionati a deludere i propri sponsors.

Gli esempi sopra menzionati rappresentano solo alcuni degli aspetti più appariscenti, ma dovremmo anche considerare molte altre situazioni innaturali in cui il sistema del libero mercato ci ha trascinato. Tra questi, citiamo l'uso generalizzato e fuori controllo di droghe, alcol e tabacco, un approccio alla salute basato sul consumo massiccio di prodotti farmaceutici piuttosto che sulla prevenzione e il mantenimento del benessere, la distorsione del prezzo degli oggetti e servizi di buona qualità, dovuta all'imposizione di mode fittizie che coinvolgono acriticamente anche i settori più poveri della popolazione, e così via.

La consapevolezza che il capitalismo rappresenti una fase molto breve nell'arco della lunga storia dell'umanità dovrebbe farci riflettere sulla provvisorietà di questo periodo, che è denso di assurdità. Purtroppo, nonostante il gravame del libero mercato in termini di guerre, inquinamento e povertà, questo sistema cerca anche di farci credere che siamo dei privilegiati, vivendo nel migliore dei mondi possibili. Tuttavia, rimane la speranza che, in questo difficile momento della nostra storia, una corretta comprensione della cultura e di come essa operi concretamente ci possa offrire l'opportunità di risvegliarci dall'incubo denominato libero mercato, rendendoci conto così della possibilità di qualcosa di diverso e di più desiderabile.

Sezione 12.2
Le regine del mondo

Abbiamo a lungo scritto sugli attori delle azioni economiche ma ne abbiamo tralasciati alcuni di prim'ordine nella nostra analisi: le imprese multinazionali. In effetti, il quadro dei reami nel mondo si è altamente trasformato nell'ultimo secolo. Le repubbliche più o meno democratiche hanno assunto il potere in gran parte delle nazioni, mentre le residue monarchie sono state costrette a cedere gran parte della loro autorità.

Nel frattempo, però, le imprese multinazionali hanno raggiunto un livello di supremazia tale da divenire le autentiche sovrane del nostro pianeta. Il loro potere economico supera, in numerosi casi, il Prodotto

Interno Lordo di intere nazioni di media grandezza, e la loro influenza è in costante espansione. Le multinazionali permeano la sfera politica globale, riuscendo in molte circostanze a esercitare un controllo fattuale e incisivo sulle dinamiche governative, mediando tale potere attraverso dirigenti corrotti che promuovono e salvaguardano i loro interessi.

Dal punto di vista organizzativo, le multinazionali posseggono un vantaggio significativo rispetto agli stati, in quanto esercitano un'influenza diretta e tangibile nei paesi in cui operano, con attività che si intrecciano profondamente nelle dinamiche economiche e sociali locali. Per di più, la loro struttura gerarchica, con il potere centralizzato nel CEO e nel consiglio di amministrazione, consente loro di prendere decisioni con straordinaria rapidità, sfuggendo in molti casi agli sforzi di regolamentazione da parte delle istituzioni pubbliche.

È, tuttavia, la particolare struttura giuridica delle multinazionali a garantire la loro supremazia socioeconomica. In effetti, le multinazionali detengono una personalità giuridica propria, che consente loro di possedere diritti e obblighi analoghi a quelli delle persone fisiche. Di conseguenza, l'impresa multinazionale acquisisce particolari caratteristiche con quella che viene definita "autonomia patrimoniale perfetta", ovvero una netta separazione tra il patrimonio dell'impresa e quello dei suoi soci. In questo modo, i beni dell'impresa e quelli dei soci saranno reciprocamente al riparo dall'azione dei creditori, che potranno rivalersi unicamente sul patrimonio dell'impresa, e non su quello dei singoli associati. [6]

La personalità giuridica delle grandi multinazionali facilita notevolmente la pratica dell'evasione fiscale, mediante la creazione di filiali indipendenti e di un intricato labirinto di piccole società, spesso ospitate in paradisi fiscali. Seguire il flusso del denaro si rivela sempre più arduo, persino per le autorità più irreprensibili. Inoltre, i dirigenti delle multinazionali godono di un certo grado di immunità, derivante dal fatto che hanno a loro disposizione i più rinomati studi legali e di consulenza fiscale, in grado di navigare abilmente nel labirinto normativo internazionale.

Di conseguenza, risulta di estrema rilevanza investigare le radici storiche di questa peculiarità giuridica, caratteristica distintiva della civiltà occidentale. Per rintracciarne le origini, dobbiamo risalire al IV-V secolo d.C., periodo in cui, all'interno delle comunità cristiane di allora, si delineava la nascita del sistema beneficiale.

Quest'ultimo è stato autorevolmente definito da Le Bras come "... il più vasto tentativo di adeguamento del temporale allo spirituale..." [7], attestando la gradualità di questo formidabile processo evolutivo.

Il beneficio era una massa di beni destinata a garantire il sostentamento materiale del chierico, il quale non rivestiva la funzione di proprietario, ma semplicemente quella di amministratore, dal momento che la effettiva proprietà rimaneva della Chiesa. Questa distinzione così marcata testimonia concretamente l'instaurazione di figure di personalità giuridica, ancor prima dell'elaborazione teorica del concetto. Nonostante ciò, tale modalità non era sufficiente a garantire una gestione trasparente dei beni ecclesiastici.

In questo quadro, si sviluppò la prassi per cui i signori feudali preferivano concedere in beneficio ai chierici cospicue porzioni di patrimonio, anziché ai vassalli laici, Tale scelta possedeva un doppio vantaggio: da un lato, permetteva di interferire nelle gerarchie ecclesiastiche e nel sistema delle nomine; dall'altro, evitava che i vassalli laici potessero sottrarre beni al feudatario, rendendoli

ereditari. Tale consuetudine si estese anche ai benefici di minore entità, in particolar modo alle parrocchie, al punto che l'incarico ecclesiastico divenne sempre più strettamente collegato alla titolarità dei benefici. Invece di assegnare prima l'ufficio e poi i benefici, si diffuse la pratica distorta di attribuire l'ufficio a chi avesse ottenuto in precedenza i benefici. Di fronte a queste prime forme di abuso, sempre più diffuse, la Chiesa si adoperò per porvi rimedio. I suoi interventi correttivi garantirono un'apprezzabile, seppur non pienamente soddisfacente, livello di conservazione del patrimonio ecclesiastico. [8]

Fin dal 325 d.C., il Concilio di Nicea I stabilì che solo le donne legate da relazioni di parentela, come madri, sorelle o zie, potessero convivere con i chierici. Questa disposizione non era orientata tanto a salvaguardare il celibato ecclesiastico o a prevenire abusi sui fedeli, quanto a proteggere i beni ecclesiastici da gestioni patrimoniali che avrebbero potuto generare introiti superiori a quelli necessari per il mero sostentamento del chierico.

A partire dal IV secolo d.C., le soluzioni proposte da vari Concili e Sinodi ottennero solo un successo parziale nel loro intento di contrastare efficacemente gli abusi perpetrati dai chierici nella gestione dei benefici.

Era dunque necessario proteggere l'istituzione della Chiesa dall'avidità di certi rappresentanti clericali, segregando il patrimonio

dell'ente da quello personale del chierico per interrompere il flusso unidirezionale di ricchezza dall'ente al patrimonio individuale. Bisognava stabilire in modo inequivocabile che il soggetto titolare di diritti rispetto all'istituzione della Chiesa non fosse la "persona naturale", il chierico, ma quella fittizia (*ficta*), vale a dire la persona giuridica. Dovremo attendere l'avvento di Sinibaldo dei Fieschi (1185-1254), professore di diritto canonico nella città di Bologna e poi eletto Papa con il nome di Innocenzo IV nel 1243, per vedere finalmente mettere ordine nell'argomento. Infatti, Sinibaldo dei Fieschi è universalmente riconosciuto per aver consolidato l'idea della persona giuridica come entità ideale, superiore e distinta dai suoi componenti fisici (i membri), attraverso la famosa affermazione "*universitatis fingatur esse una persona*". Da ciò deriva che la finzione consiste nel contrapporre a una persona fisica una persona non reale, o "*ficta*", esistente non nel mondo reale ma in quello del diritto. [9]

Dunque, è nei confronti degli enti della Chiesa che abbiamo la prima formulazione teorica del concetto di persona giuridica, una elaborazione che inizialmente servì soprattutto alla Chiesa stessa per rafforzare la protezione del patrimonio ecclesiastico dalla gestione inevitabilmente affidata ai chierici. Ancora oggi, il valore aggiunto (*quid pluris*) [10] legato al riconoscimento della personalità giuridica risiede nella distinzione tra il patrimonio dell'ente e quello delle persone fisiche. Le imprese multinazionali, nel contempo, hanno saputo sfruttare con grande maestria la figura della "persona ficta" a proprio vantaggio.

A tal proposito, ricordiamo le diverse compagnie commerciali occidentali che emersero nel XVI° secolo, dedicate allo sfruttamento delle risorse e della popolazione delle colonie in tutto il mondo: dalla Compagnia olandese delle Indie orientali alla Compagnia britannica delle Indie orientali, dalla Compagnia Guipuzcoana di Caracas alla Compagnia francese delle Indie occidentali solo per citarne alcune. Queste tristemente famose compagnie, oltre a godere della protezione dei loro paesi d'origine, vantavano una personalità giuridica e operavano come stati semi-indipendenti, acquisendo territori, creando piantagioni e città, schiavizzando e deportando intere popolazioni.

12.3 - In cammino verso nuovi cieli

È ora di tirare le somme di questo lungo percorso il cui obiettivo era quello di evidenziare le incongruenze del libero mercato una volta confrontato con la complessità della vita reale, nonostante la sistematica occultazione delle alternative, sia passate che presenti. Sia ben chiaro che non stiamo proponendo un ritorno alle epoche dei pacifici polinesiani o degli indiani del nord America (anche se forse non ci dispiacerebbe), intendiamo semplicemente evidenziare che sono esistiti sistemi economici alternativi, spesso più efficaci e appaganti sotto molti aspetti. Questo dovrebbe permetterci di non considerare il nostro modo di vivere come l'unica opzione o come la migliore possibile.

Sappiamo ormai che la cultura ha una fondamentale componente genetica, oltre a tutti gli elementi acquisiti tramite l'educazione. [11] Molti dei nostri gesti e comportamenti quotidiani affondano le loro radici in un passato remoto, di cui, in buona parte, non abbiamo piena cognizione. Oltre all'eredità genetica dei nostri antenati, condividiamo la cultura e le tradizioni della nostra nazione, le quali si manifestano, nella maggioranza dei casi, a livello inconscio. Il fenomeno descritto potrebbe spiegare perché, in alcune società, persistono comportamenti economici che divergono da quelli promossi e imposti dall'ideologia del libero mercato. Facciamo riferimento, in particolare, a quanto evidenziato nel capitolo precedente [12] in relazione agli archetipi rivelati da Jung [13] e alle attività economiche analizzate in specifici contesti territoriali.

In tale prospettiva, non possiamo dimenticare come la cultura tradizionale si esprima attraverso una serie di abitudini e comportamenti quasi automatici, radicati in archetipi mentali largamente condivisi da popolazioni residenti in territori culturalmente uniformi. Jung descriveva gli archetipi come 'immagini primordiali', 'immagini ancestrali', 'prototipi' o 'residui mnesici', sottolineando così la loro radicata origine in un passato remoto dell'umanità. Gli archetipi, dunque, rappresenterebbero impronte ereditarie delle prime esperienze esistenziali dell'uomo in relazione alla natura, agli altri e a sé stesso. In effetti, in termini inconsci, gli archetipi emergono come forme dinamiche che influenzano certe società culturalmente omogenee e le organizzano sulla base di questi 'a priori'. In questa prospettiva, l'"inconscio collettivo" potrebbe essere visto come una struttura mentale dalla quale derivano quei comportamenti economici che vengono considerati come devianti o anomali. [14]

Effettivamente, queste riflessioni ci aprono la strada per riprendere il controllo della nostra vita economica e sociale. Tuttavia, ciò richiede una revisione personale della nostra relazione con il consumo e l'utilitarismo. Fortunatamente, le realtà territoriali di cui abbiamo parlato in precedenza hanno, in parte, già intrapreso questo cambiamento, che si è rivelato essenziale per raggiungere i successi ottenuti.

12.4 - I Paesi Baschi

Nel biennio 1994-1995, ho cercato di dimostrare queste ipotesi riguardo alla persistenza culturale e alla sua capacità di modificare radicalmente le regole imposte dal libero mercato. Questa ricerca si inseriva nel contesto della mia tesi di dottorato (PhD) in scienze economiche e sociali presso l'Università di Fribourg, in Svizzera. [15]

Ho scelto di concentrarmi sui Paesi Baschi a causa di una serie di circostanze che spesso guidano la vita di una persona verso terre sconosciute, obbligandola a confrontarsi quotidianamente con una realtà culturale e sociale estremamente diversa da quelle incontrate in precedenza. Nonostante ciò, per gli scopi di questo lavoro, tali sfide possono portare a vantaggi molto più significativi, particolarmente al riguardo della profondità dell'esperienza. Infatti, come ha sottolineato E. Morin, "... ogni sistema di pensiero è aperto e presenta una fessura, una interruzione nella sua stessa apertura.

Ma abbiamo la possibilità di avere meta-punti di vista. Il meta-punto di vista è possibile solo se l'osservatore-ideatore si integra nell'osservazione e nell'ideazione. Ecco perché il pensiero della complessità ha bisogno dell'integrazione dell'osservatore e dell'ideatore nella sua osservazione e nella sua ideazione..." [16]

Come la maggior parte delle società tradizionali, l'economia dei Paesi Baschi fino all'alba della rivoluzione industriale era caratterizzata da forti elementi di reciprocità. Nonostante l'industria di estrazione e trasformazione del ferro, in particolare le armi [17], fosse inserita nel commercio internazionale da tempi immemorabili [18], la sua localizzazione rimase ristretta a specifiche aree geografiche fino a un'epoca molto recente. In effetti, favorita dalle caratteristiche geografiche della regione e dalle conseguenti difficoltà di comunicazione, la stragrande maggioranza della popolazione continuò a dedicarsi all'agricoltura e alla pastorizia, seguendo le consuetudini ancestrali.

In generale, nelle comunità basche si riscontra una forte preoccupazione di preservare la proprietà comunitaria del suolo. Inoltre, negli stessi frutteti privati, gli animali domestici dei vicini hanno avuto la possibilità di muoversi liberamente fino ai giorni nostri [19]. In merito a ciò, J.M. De Barandiaran ha concluso: "... Nella vita sociale dei baschi, esistono delle usanze che affondano le loro radici nel millenario diritto patriarcale. Ad esempio, le norme che regolano l'uso dei beni comuni di una valle o di un comune, tra i suoi abitanti, arrivano a noi quasi senza cambiamenti dalle prime epoche della società umana, aggiungerei anche, da un'epoca precedente alla proprietà individuale..." [20]

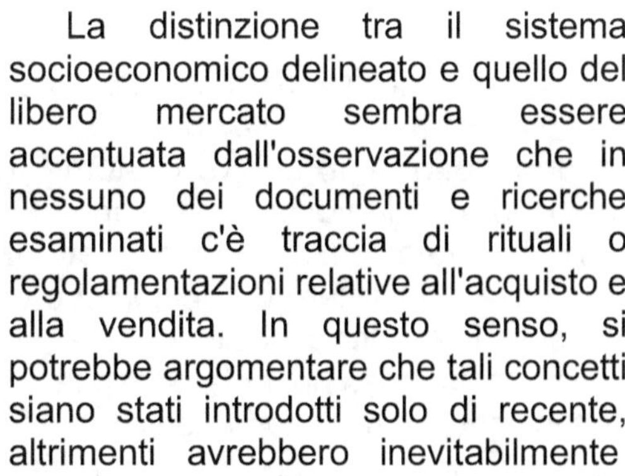

La distinzione tra il sistema socioeconomico delineato e quello del libero mercato sembra essere accentuata dall'osservazione che in nessuno dei documenti e ricerche esaminati c'è traccia di rituali o regolamentazioni relative all'acquisto e alla vendita. In questo senso, si potrebbe argomentare che tali concetti siano stati introdotti solo di recente, altrimenti avrebbero inevitabilmente lasciato qualche indicazione della loro preesistenza. Semmai, ci si può imbattere in un tabù simbolico ed interessante, condiviso da gran parte della popolazione agricola, che rimanda a osservazioni analoghe emerse dall'analisi di molte società tradizionali [21].

Infatti, ad esempio, in alcune aree dei Paesi Baschi, persiste ancora oggi il divieto assoluto di vendere gli sciami di api, che possono essere solo donati. Inoltre, una volta donate le api, il miele prodotto appartiene in parti uguali al donatore e al donatario; mentre solo la cera resta proprietà di quest'ultimo. Per concludere, l'insieme degli elementi sopracitati e molte altre osservazioni e testimonianze evidenziano come il sistema economico-sociale tradizionale basco si fondi sui principi di reciprocità, in modo analogo a quanto riscontrato per la maggior parte dei sistemi tradizionali del passato.

Certamente, è particolarmente interessante osservare la persistenza di numerosi elementi di reciprocità, favorita dalla marginalizzazione di molte comunità basche rispetto agli sconvolgimenti sociali ed economici degli ultimi due secoli. "...Tuttavia, continuano ancora le vecchie pratiche di assistenza vicinale in casi di malattia, di morte, di matrimonio, di battesimo, di incendio e di incidente. Queste sono consuetudini legate alla casa e, con essa, rimangono in vigore, nonostante l'attuale esistenza di diritti pensionistici, assicurazioni di malattia, di vecchiaia, di incendi, ecc., legalmente stabiliti o riconosciuti. La struttura tradizionale non si è disintegrata, né la sua vecchia configurazione è stata completamente cancellata..." [22]

12.5 - L'indagine partecipativa

L'obiettivo del lavoro di ricerca era soprattutto quello di dimostrare la possibilità di riattivazione di comportamenti economici che appartengono agli usi e costumi tradizionali di una specifica comunità, con la conseguente opportunità di riproduzione anche in contesti diversi. In particolare, l'attenzione si è concentrata sulla possibilità di utilizzare per tale scopo gli archetipi mitologici propri di una specifica cultura locale.

Per la ricerca, ho optato per la metodologia dell'osservazione partecipante, che rappresenta uno dei metodi fondamentali di indagine antropologica e consiste nella presenza fisica del ricercatore nel territorio scelto per un periodo prolungato.

Questo tipo di relazione con l'oggetto di studio permette un'osservazione approfondita della realtà analizzata, con un'attenzione specifica alla qualità dei rapporti sociali che costituiscono la collettività. In questo modo, si riduce notevolmente la tentazione di schematizzare la realtà e il rischio di distorsioni, intanto che l'accesso ai significati profondi e alle logiche sottostanti si vedrà facilitato.

Basandomi sull'ipotesi che la cultura possa essere utilizzata come strumento di mobilitazione sociale ed economica, dopo una lunga riflessione, ho ideato i racconti-guida (o "cuentos-guía" in spagnolo). Si trattava di storie ambientate in paesi, in cui il protagonista era un personaggio mitico della zona che, tra un'avventura e l'altra, frequentava bar e ristoranti, spesso interagendo con i proprietari. A seconda della trama, il personaggio apriva un conto in banca, prendeva la patente o si rifaceva il guardaroba, seguendo i desideri degli sponsor. Infatti, ogni impresa visitata dal protagonista contribuiva economicamente alla pubblicazione del racconto.

Per coinvolgere la comunità nell'iniziativa, era innanzitutto indispensabile individuare protagonisti dei racconti che corrispondessero a degli archetipi sostanzialmente condivisi da quasi tutti i membri della popolazione. Inoltre, il racconto doveva servire a rendere espliciti i problemi vissuti dalla comunità in questione, come la disoccupazione, i problemi della pesca, i problemi ambientali, culturali, sociali e così via.

Nella stesura del racconto, era necessario rendere i personaggi mitici consapevoli dei problemi del loro paese e motivarli a intraprendere interventi fantastici. Inoltre, in modo da ancorare maggiormente l'iniziativa alla comunità locale, contemporaneamente alla preparazione dei "cuentos-guía", organizzavo nelle scuole inferiori dei concorsi di disegno che avevano come tema il personaggio della favola. Il premio per i vincitori era quello di vedere pubblicato il proprio disegno all'interno del racconto.

Questo ha fornito un ulteriore incentivo per la partecipazione e ha permesso ai membri più giovani della comunità di sentirsi direttamente coinvolti nel progetto. Iniziava così la vera e propria fase di realizzazione del racconto. Non si trattava di vendere un prodotto, ma di offrire un piccolo spazio nell'immaginario collettivo: il personaggio mitico che andrà a visitare quella specifica impresa, quelle persone reali.

Mentre visitavo e conoscevo di prima persona le imprese interessate, rappresentavo quel genio o quella divinità che ascoltava le richieste pubblicitarie e di protagonismo del partecipante.

Spesso, a tale personaggio venivano confessati i problemi della loro esistenza, che poi trasformavo in elementi di fantasia all'interno del racconto.

Il periodo in cui sono stati realizzati i "cuentos-guía" (1994-1995) coincide con uno dei momenti più violenti del terrorismo dell'ETA. Nonostante ciò, i "cuentos-guía" hanno raccolto adesioni e sponsorizzazioni da tutte le parti in conflitto. Questo risultato ha richiesto un intenso lavoro diplomatico e di negoziazione nelle realtà prescelte, oltre a un uso scrupoloso della scrittura. In totale, sono stati realizzati e pubblicati 7 "cuentos-guía" con la partecipazione di oltre 400 entità, con una diffusione totale che ha quasi raggiunto le 20.000 copie e un discreto beneficio economico. Inoltre, è importante notare che l'intera tiratura è stata esaurita attraverso la distribuzione gratuita e che l'aspetto promozionale è stato interamente coperto dai numerosi mass-media interessati agli eventi locali. [23]

Tornando agli obiettivi di questa ricerca, rileveremo che la massiccia partecipazione degli imprenditori all'iniziativa, nonostante la concorrenza reciproca e le divergenze ideologiche, sembrerebbe internamente giustificata dalla significatività del comune personaggio/archetipo. Infatti, le imprese parteciparono attivamente alla promozione di attività spesso in concorrenza con le proprie, offrendo ai propri clienti i "cuentos-guía" come dono. La condizione corale della comunità, con i suoi abitanti e le sue attività, risvegliata da un personaggio mitologico, appare quindi prevalere sulle semplici considerazioni di interesse individuale.

La constatazione che, nonostante fossero offerti a un prezzo notevolmente inferiore, gli annunci pubblicitari individuali sulle riviste locali non hanno mai riscosso un tale livello di adesione (che in certe località ha superato l'80% degli esercizi commerciali), potrebbe indirettamente confermare questa ipotesi. Infine, nella successiva indagine statistica realizzata tra le imprese aderenti ai racconti si è potuto rilevare che la predominante motivazione alla partecipazione sia stata quella di far parte di un comune racconto con un personaggio mitologico conosciuto. Inoltre, la stragrande maggioranza dei partecipanti ha ammesso che nei giorni successivi alla pubblicazione del "cuento-guía" si era creato nei paesi un clima divertente e sereno, in cui i discorsi sovente si incentravano sugli eventi fantastici della favola.

Sembra quindi che, anche se solo temporaneamente, vengano recuperati comportamenti ancestrali in netto contrasto con quelli richiesti dal libero mercato, facendo prevalere la preservazione e la rivitalizzazione della comunità di appartenenza sulle considerazioni economiche a breve termine. In ultima analisi, i "cuentos-guía" sembrerebbero aver avuto la capacità di risvegliare momentaneamente bisogni non esplicitati, come il desiderio di appartenenza, di coesione sociale e, forse, di sognare.

In conclusione, possiamo notare come un simile utilizzo di un elemento della cultura tradizionale condivisa socialmente, nello specifico il personaggio mitologico dei "cuentos-guía", provochi significative modifiche sia nel sistema di preferenze degli operatori economici, sia nell'intorno delle imprese coinvolte. Questo fenomeno avvia una dinamica autopropulsiva che, seppure provvisoriamente, si distacca dalle abitudini e dai comportamenti del libero mercato, favorendo relazioni più conviviali.

Conclusioni

Nell'orizzonte del XIX° secolo, nell'epoca della nascente industrializzazione, fece la sua comparsa una pandemia silenziosa, un flagello sociale ancor più devastante di quelli di natura virale che abbiamo recentemente conosciuto. L'introduzione dei nuovi metodi di produzione richiedeva l'implementazione di una specie di germe ideologico: l'individualismo e l'utilitarismo dovevano impregnare totalmente la società. Altrimenti, senza l'assimilazione di tali nuovi miti, i lavoratori non avrebbero forse neanche resistito alle disumane condizioni lavorative delle prime grandi fabbriche inglesi. Infatti, al di là della potente repressione esercitata dalle forze dell'ordine, era di fondamentale importanza che i cittadini assimilassero i principi del libero mercato, iniziando a vedere sé stessi e il proprio lavoro non più come un'estensione della propria identità umana, ma come una merce da negoziare. Di conseguenza, l'individuo, i suoi diritti e la sua dignità venivano ridotti a semplici merci, in vendita sul mercato dell'industrialismo nascente.

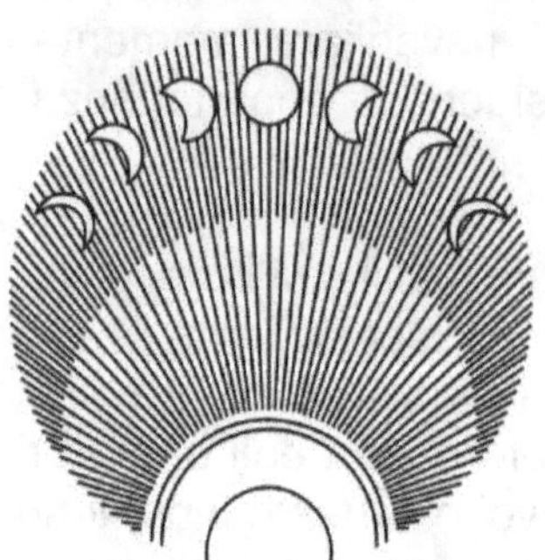

I pilastri della solidarietà sociale, i valori tradizionali, furono improvvisamente declassati, denigrati e infine cancellati, in seguito all'avanzata del nuovo paradigma economico-sociale. In effetti, mentre i valori e la solidarietà rappresentano le manifestazioni della fratellanza, in quanto entrambi identificano ciò che unisce le persone, la competizione e l'utilitarismo, al contrario, non individuano nessun valore, ma solo strumenti di divisione. La trasformazione incalzante, innescata dall'industrializzazione e poi teorizzata dall'ideologia del libero mercato, non è una dinamica impregnata di solidarietà.

Sembra piuttosto un processo caotico nel quale un individuo crea una fabbrica, un altro inventa qualcosa, un terzo realizza che con quella invenzione può trarre profitto, un quarto l'acquista per creare un'arma, mentre un altro la converte in uno smartphone. Heidegger [1] espose questo problema nel suo pensiero, osservando le implicazioni prodotte dal disporre di una tecnica senza alcun criterio per il suo utilizzo, guidata unicamente dall'utilità o dagli interessi del momento. Tutto ciò è simile a una crescita incontrollata, senza limiti, in cui i mezzi si trasformano in fini.

Quando subentra questa inversione, il risultato è una progressiva disgregazione della società che conduce inevitabilmente al caos. L'ordine sociale viene eroso, i legami che uniscono le persone si frammentano, e la solidarietà, fondamento del tessuto sociale, si dissolve. Tuttavia, non si intende sostenere un ritorno ai modelli sociali precedenti alla rivoluzione industriale. Il nostro proposito è piuttosto quello di esplorare quegli elementi che hanno illustrato gli aspetti positivi delle società passate, per comprendere come sia possibile reintegrarli e adattarli alle necessità funzionali e umane delle società attuali.

Lévi-Strauss ci incoraggia lungo questa linea di riflessione definendo la cultura come un frammento dell'umanità che mostra discontinuità significative rispetto al resto. Per l'Autore, inoltre, la struttura sembra precedere ogni dato, poiché l'insieme di relazioni e principi che regolano i sistemi simbolici costituirebbero gli elementi costituenti la realtà sociale. Queste componenti, nella loro appartenenza all'inconscio strutturale, appaiono logicamente anteriori all'oggetto ed evidenziano come la forma possa in certe circostanze precedere il contenuto. "... L'attività inconscia dello spirito consiste nell'imporre forme a un contenuto, e se queste forme sono fondamentalmente le stesse per tutti gli spiriti, antichi e moderni, primitivi e civili (...) è necessario e sufficiente raggiungere la struttura inconscia sottostante ogni istituzione o ogni consuetudine, per ottenere un principio di interpretazione valido per altre istituzioni e altri costumi...". [2]

D'altronde, con le parole di John Dewey, siamo consapevoli che "... il nostro benessere risiede nella fede nel potere dell'intelligenza di immaginare un futuro che sia la proiezione del desiderabile nel presente, e di creare gli strumenti necessari per costruirlo. Dobbiamo coltivare questa fede e darle una forma esplicita. Questa è indubbiamente una sfida sufficientemente ampia per la nostra filosofia..." [3]

Riscoprendo la nostra cultura economica, aldilà delle condizioni di alienazione imposte dal libero mercato, possiamo riappropriarci delle redini collettive e delineare nuovi orizzonti socioeconomici. Per orientarci in questa direzione, sono essenziali azioni che possono essere riassunte in tre parole, o meglio verbi, che indicano il percorso da seguire per rianimare i comportamenti economici tradizionali: rivitalizzare, reintegrare, e affiancare.

- REVITALIZZARE

  Fondandoci sulla tesi che la cultura possa essere impiegata come strumento di mobilitazione sociale ed economica [4], diventa necessario identificare gli archetipi largamente accettati dall'intera popolazione di una zona geografica. Contestualmente alla rivitalizzazione del patrimonio culturale, si dovrà concentrare l'attenzione sui comportamenti economici radicati nella tradizione locale, individuando simboli, usi e comportamenti tipici.

- REINSERIRE

  In questa fase, il compito sarà quello di reintegrare gradualmente tali comportamenti nelle attività quotidiane, evitando un approccio impositivo. Siamo fermamente convinti che, una volta sperimentata la gratificazione derivante dalla reintegrazione di certi modelli comportamentali ancestrali, sarà la stessa comunità ad adoperarsi per riproporli e per diffonderli rapidamente all'interno del tessuto sociale.

- AFFIANCARE

  Crediamo che, per un'efficace realizzazione di simili iniziative, sia fondamentale il supporto delle autorità pubbliche. Ciò riguarda in particolare l'educazione dei membri della comunità, che dovrebbe avvenire in collaborazione con gli esperti locali e impiegando la preziosa memoria storica degli anziani, oltre alla diffusione di informazioni del passato pertinenti.

In precedenza, abbiamo sottolineato come la società si distingua per il suo elevato grado di complessità [5]. In pratica, quanto più un'organizzazione è complessa, tanto più è in grado di tollerare il disordine. Questo le conferisce una vitalità sorprendente, poiché gli individui avranno l'opportunità di prendere iniziative per affrontare molteplici problemi, senza dover necessariamente rispettare una gerarchia centralizzata. Senza dubbio, rappresenta un modo superiore di rispondere alle sfide esterne. D'altra parte, un'eccessiva complessità potrebbe mettere a rischio la struttura organizzativa stessa. Al limite, una struttura completamente libera e particolarmente caotica rischierebbe di disintegrarsi, a meno che, in aggiunta a tale libertà, non esista una forte solidarietà tra i suoi membri. Infatti, solo la solidarietà vissuta permette un aumento della complessità.

Sebbene le società, in cui l'economia si muova in perfetta sintonia con i valori etici, culturali e solidali tradizionali, possano sembrare utopiche, ricordiamo le parole di Kolm: "... u-topia significa 'nessun posto', ovvero una società inesistente. Ma non 'impossibile'. Inoltre, trattandosi di sistemi generali definiti da aspetti altrettanto generali, non possiamo qualificare come impossibile ciò che non abbiamo ancora sperimentato. In una storia non ripetitiva, il futuro è sempre qualcosa di diverso e di nuovo. La società del domani sarà sempre un'utopia se vista da oggi. L'utopista sarà colui che cerca di immaginarla. Il reale non è altro che il presente..."[6] Infatti, sarà anche nel pensiero, e attraverso il pensiero, che una data realtà sociale o economica conterrà altre società, altri possibili rapporti sociali, immaginati e desiderati, o rifiutati.

L'Autore

Angelo Cacciola Donati, nato a La Spezia; economista e scrittore con un PhD dell'Università di Fribourg (CH). in scienze economiche e sociali. Iniziò a scrivere fin da giovanissimo, pubblicando le sue poesie in riviste come il Corriere TV e giornalini vari. Finché, nel 1977 a Parma, darà alle stampe, insieme a Beppe Sebaste, Andrea Cabassi, e altri, la raccolta di poesie "P.Collage".

Ha coltivato numerosi generi di scrittura dimostrando una estrema duttilità multidisciplinare. Nell'ambito socioeconomico pubblicò varie ricerche e saggi, tanto in Italia come in Svizzera, per conto dei rispettivi centri studi sindacali, incentrati nella formazione professionale, la gestione d'impresa e l'innovazione tecnologica. Nel 1996 stamperà la propria tesi post-dottorale sul ruolo della cultura nella realtà socioeconomica, con vaste riflessioni di carattere antropologico.

Dal 1994 risiederà nei Paesi Baschi dove, influenzato dalla cultura e mitologia locale, pubblicherà una decina di racconti in spagnolo ed in euskera sponsorizzati da centinaia di esercizi pubblici e negozi, ottenendo un vistoso successo di pubblico (www.fableset.com). Sempre sulla scia della fantasia, ideerà e dirigerà il progetto educativo europeo "Fabulando", creando decine di favole web con i bambini di tre nazioni.

Tra Italia, Svizzera e Spagna

Rientrato in Italia con il nuovo secolo pubblicherà, ancora, quattro racconti di fantasia, una raccolta di antiche ricette e la storia dell'antico Hotel Europa di Rapallo. Man mano la sua creatività si incentrerà nella produzione video e nella realizzazione di spettacoli multimediali. Da "Libera Libertà'- La donna nel 900", film-spettacolo sulla storia movimento femminista, a "Belle époque & Tigullio, una scusa per un racconto d'economia", premiata nell'Andersen Festival di Sestri Levante (Genova) nel 2013. Realizzerà, anche, numerosi eventi e performances dedicati al Futurismo in Liguria e Trentino.

Nuovamente in Spagna, a Pamplona (Navarra) sarà finalista nel IX Certamen Internacional de Microrrelatos de San Fermín del 2017 ed infine presenterà "Cultura, impresa e identità locale", nel XVI congrès international SEI dell'Università dei Paesi baschi. Tra il 2019 e il 2020, pubblicherà "Sbigottiti: Poesia e immagini", la corrispondente versione spagnola "Estupefactos", oltre al saggio "Esseri umani ed economia" e a "Guida al Tigullio nel 1700 e 1800, i viaggiatori stranieri raccontano". Dal 2022 è il Presidente di **Olatua**, associazione culturale senza animo di lucro.

WEB SITES:
www.genesistimes.com, www.olatua.org

Note e referenze bibliografiche

Introduzione

(1) - Parsons T., "The system of modern societies", Prentice Hall Inc.,
    New Jersey, 1971
(2) - Cacciola Donati A., I mercati conviviali, ovverosia il ruolo della cultura
    all'interno della struttura e della realtà economico-sociale.
    Université Fribourg, Svizzera,1995

Capitolo 1

(1) - Cfr. Heidegger M., "Sein und zeit", Max Niemeyer, 1927
(2) - Heidegger M., ibidem, p.12
(3) - Cfr. Heidegger M., "Sein und zeit", Max Niemeyer, 1927
(4) - Cfr. Heidegger M., ibidem
(5) - Cfr. Gusdorf G., "Introduction aux Sciences Humaines",
    Editions Ophrys, Paris, 1960
(6) - Cfr. Heidegger M., "Sein und zeit", Max Niemeyer, 1927

Capitolo 2

(1) - Cfr. Parsons T., "The system of modern societies", Prentice Hall Inc.,
    New Jersey, 1971,
(2) - Cfr. Parsons T., ibidem
(3) - Cfr. Marshall A., "Principles of economics" [1920], trad.it. UTET,
    Torino, 1972

Capitolo 3

(1) - Cfr. Nicolis and Prigogine, "Exploring Complexity: An Introduction",
    1989
(2) - Cfr. Kauffman Stuart, "Origins of Order: Self-Organization and
    Selection in Evolution", Oxford University Press, 1993
(3) - Cfr. Michael J. Radzicki, "Working Outline of Macroeconomic
    Dynamics", 2006
(4) - Cfr. Parsons T., "The system of modern societies", Prentice Hall Inc.,
    New Jersey, 1971
(5) - Alex Byrne, "Against the PCA-analysis" (with Ned Hall), Analysis 58,
    1998
(6) - W. Brian Arthur, "Complexity Economics and the Economy", Science,
    1999
(7) - Cfr. George Soros, "La Crisi del Capitalismo globale",
    Ponte alle Grazie, 1999

Capitolo 4

(1) - Cfr. Lara B., "La decisión, un problema contemporáneo",
       Espasa Calpe, Madrid, 1991
(2) - Cfr. Popper K., "Scienza e filosofia", Einaudi, Torino, 1969
(3) - Cfr. Lara B., ibidem
(4) - Cfr. Morin E., "La Vie de la vie", Le Seuil, Paris, 1980
(5) - Cfr. Lara B., "Negociar y gestionar conflictos", Hércules
       Hispano – Seguros Argentaria, Madrid,1992
(6) - Cfr.Braudel F., "Civiltà e imperi del Mediterraneo nell'età di Filippo II,
       Einaudi, Torino, 1953
(7) - Cfr. Nicolis and Prigogine, "Exploring Complexity: An Introduction",
       1989
(8) - Cfr. Herder J.G., "Idées sur la philosophie de l'histoire de l'humanité"
       Editions Levrault,   Paris, 1827-1828
(9) - Cfr. Ilya Prigogine, articolo apparso su "la Repubblica" dell'11/2/90
(10) - Polanyi K., "The Great Transformation", Rinehart, New York, 1944,
       "La grande transformation", Gallimard,   Paris, 1983, p.67
(11) - Cfr. Polanyi K., ibidem
(12) - Montaigne (de) M., "Essais" (1580), trad.it. Mondadori, Milano,
       1970, p.145
(13) - Herder J.G., "Idées sur la philosophie de l'histoire de l'umanité",
       Editions Levrault, Paris, 1827-1828, VIII, p.103
(14) - Montaigne (de) M., ibidem, p.150
(15) - Cfr. Meillassoux C., "Essai d'interpretation du phénomène
       économique dans les sociétés traditionelles d'auto-subsistence",
       in "Cahiers d'Etudes Africaines" n°4, 1960, pp.38-67
(16) - Cfr.Polanyi K., Arensberg C. and Pearson H., "Trade and Market
       in the Early Empires" (1957), trad.fr. "Les systèmes économiques
       dans l'histoire et dans la théorie", Larousse, Paris, 1975
(17) - Polanyi K., "The Great Transformation" (1944), trad.fr.Gallimard,
       Paris, 1983, p.90
(18) - Weber M., "General Economic History", New Brunswick, London,
       1984, p.195
(19) - Pirenne, "Histoire économique et sociale du Moyen Age", G.Glotz,
       VIII, Paris, 1933, p.120 (20) - Thurnwald R., "Economics in Primitive
       Communities" (1932), trad.fr. Payot, Paris, 1937, p.20
(21) - Malinowski, Argonauts of the Western Pacific, 1930;
       trad.fr. Gallimard, Paris, 1963, p.117
(22) - Malinowski, ibidem, p.217
(23) - Lowie R., "Social Organization", Rinehart, New York, 1948, p.14

Capitolo 5

(1) - Cfr. Meillassoux C., "Ostentation, destruction, reproduction",
in "Economies et Sociétés", tomo II, n.4, 1968, trad.it. in "L'economia
della savana", Feltrinelli, Milano, 1975
(2) - Meillassoux C., ibidem, pp.86-87
(3) - Meillassoux C., "Ostentation, destruction, reproduction",
in "Economies et Sociétés", tomo II, n.4, 1968,
trad.it. in "L'economia della savana", Feltrinelli, Milano, 1975, p.80
(4) - Cfr.Sahlins M., "Stone Age Economics" (1972), trad.fr. Gallimard,
Paris, 1976
(5) - Cfr.Cartier M., "Le travail et ses représentations", Editions des
Archives Contemporaines, Paris, 1984;
Cfr.Clastres P., "La société contre l'Etat", Ed.Minuit, Paris, 1974
(6) - Meillassoux C., "Ostentation, destruction, reproduction",
in "Economies et Sociétés", tomo II, n.4, 1968,
trad.it. in "L'economia della savana", Feltrinelli, Milano, 1975, p.90
(7) - Cfr., per esempio, Terray E., "Le marxisme devant les sociétés
primitives. Deux études", Maspero, Paris, 1969 e Godelier M.,
"L'idéel et le matériel", Fayard, Paris, 1984
(8) - Cfr.Mauss M., "Essai sur le don", in "Sociologie et Anthropologie"
(1924), Presses Universitaires de France, Paris, 1950 In effetti,
Mauss ritroverà il Potlash anche presso gli Eschimesi e presso
le società polinesiane del Kula (n.d.r.)
(9) - Boas M., "12th Report on the North-Western Tribes of Canada",
B.A. Adv.Sc. 1898, p.54-55, citato in Mauss M., "Essai sur le don",
in "Sociologie et Anthropologie" (1924), Presses Universitaires
de France, Paris, 1950, p.198
(10) - Mauss, ibid., pp.208-209
(11) - Boas F, "Race, Language and Culture", Free Press, New York, 1940
(12) - Kilani M., "Introduction à l'anthropologie", Editions Payot, Lausanne,
1989, p.319
(13) - "...La pratique actuelle du potlatch connaît paradoxalement
une plus grande extension qu'au siècle passé. ..." - Kilani M.,
"Introduction à l'anthropologie", Editions Payot, Lausanne,
1989, p.320
(14) - In particolare, feste religiose, matrimoni, battesimi, comunioni, etc...
(n.d.r.)
(15) - Cfr.Cacciola Donati A., "Travail, entreprise et nouvelles
technologies", Istituto Svizzero di Formazione Sindacale
"C.E.O.", Bern, 1993

Capitolo 6

(1) - Sahlins M., "Stone Age Economics" (1972), trad.fr. Gallimard, Paris, 1976, p.80

(2) - Cfr. Roheim G., "Psychanalyse et Anthropologie", N.R.F., 1967

(3) - Cfr. Latouche S., "Epistémologie et économie", Ed.Anthropos, Paris, 1973, pp.110-115

(4) - Cfr. Rank O., "Le traumatisme de la naissance", Payot, Paris, 1968

(5) - Poirier J., "Problèmes d'ethnologie économique", in Poirier J. "Ethnologie générale", Encyclopédie de la Pléiade, Editions Gallimard, Paris, 1968, p.1557

(6) - Cfr. Mauss M., "Essai sur le don", in "Sociologie et Anthropologie" (1924), Presses Universitaires de France, Paris, 1950

(7) - Mauss M., ibid., pp.254-255

(8) - Mauss M., ibid., p.255

(9) - Cfr. Mauss M., "Essai sur le don", in "Sociologie et Anthropologie" (1924), Presses Universitaires de France, Paris, 1950

(10) - Best E., "Transactions of New-Zealand Institute", 42, 1909, p.435

(11) - Mauss M., "Essai sur le don", in "Sociologie et Anthropologie" (1924), Presses Universitaires de France, Paris, 1950, pp.158-159

(12) - Si noti bene la differenza con la nozione corrente di rappresentare una parte di se stessi", simbolica e non sostanziale o immanente all'oggetto come nel caso dell'hau.

(13) - In uso nei Paesi Baschi ed equivalenti rispettivamente a un kg. ed a mezzo kg. (n.d.r.)

(14) - Misura agricola utilizzata nel nord Italia ed in Emilia in particolare.

(15) - In Spagna, soprattutto tra anziani, i calcoli monetari vengono effettuati sulla base del "duro", moneta da 5 pesetas. (n.d.r.)

(16) - Pigafetta A., "Premier voyage autour du monde par Magellan (1519-1522)", éd.P.Peillard, Paris, 1964, p.139

(17) - Kula W., "Les mesures et les hommes", Editions de la Maison des Sciences de l'Homme, Paris, 1984, p.93

(18) - Cfr. Erhenbourg I., "Les années et les hommes", Gallimard, Paris, 1962

(19) - Kula W., "Les mesures et les hommes", Editions de la Maison des Sciences de l'Homme, Paris, 1984, p.81

(20) - Un esempio saliente è costituito dall'organizzazione del commercio del grano che, pur essendo fondato sulle differenze tra le misure, ha funzionato efficacemente per dei lunghi secoli. (n.d.r.)

(21) - Kula W., "Les mesures et les hommes", Editions de la Maison
       des Sciences de l'Homme, Paris, 1984, p.103

(22) - Cfr.Abel H., "Poids à peser l'or de Côte d'Ivoire",
       Note d'information, 1961

(23) - Cfr.Richards A.I., "Land, Labour and Diet in Northern Rhodesia"
       (1939), Oxford University Press, London, 1961

(24) - In particolare, il villaggio di Kasaka, abitato dai Bemba. (n.d.r.)

(25) - Cfr.Sahlins M., "Stone Age Economics" (1972), trad.fr. Gallimard,
       Paris, 1976

(26) - Guillard J., "Essai de mesure de l'activité d'un paysan africain :
       le Toupouri", L'Agronomie tropicale, 13, pp.415-428, 1958

(27) - Cfr.Kilani M., "Introduction à l'anthropologie", Editions Payot,
       Lausanne, 1989

(28) - Poirier J., "Problèmes d'ethnologie économique", in Poirier J.
       "Ethnologie générale", Encyclopédie de la Pléiade, Editions
       Gallimard, Paris, 1968, p.1560

(29) - Godelier M., "L'idéel et le matériel", Fayard, Paris, 1984, pp.153-154

(30) - Godelier M., "L'idéel et le matériel", Fayard, Paris, 1984, p.197

(31) - Cfr.Vernant J.P., "Les origines de la pensée grecque", Presses
       Universitaires de France, Paris, 1963

(32) - Cfr.Panoff M., "Energie et vertu: le travail et ces représentations
       en Nouvelle-Bretagne",pubblicato dalla rivista "L'Homme",
       aprile-settembre 1977, XVII. (2-3), pp.7-21; ripreso da Cartier M.,
       "Le travail et ses représentations", Editions des Archives
       Contemporaines, Paris, 1984

(33) - Una pianta a tubercoli della famiglia delle aracee che cresce
       nelle regioni tropicali ed in Polinesia in particolare. (n.d.r.)

(34) - Panoff M., "Energie et vertu: le travail et ses représentations
       en Nouvelle-Bretagne", in Cartier M., "Le travail et ses
       représentations", Editions des Archives Contemporaines, Paris,
       1984, pp.22-23

(35) - Panoff M., ibid., p.24

(36) - Il termine "milali" evoca una nozione di pena o sofferenza,
       estendibile anche a dei contesti diversi da quello del
       giardinaggio. (n.d.r.)

(37) - Panoff M., ibid., p.33

Capitolo 7

(1) - Segalen M., "Quince générations de bas Bretons. Parenté et société dans le pays Bigouden sud, 1720-1980", PUF, Paris, 1985

(2) - Tönnies F., "Communauté et société", (1887), Presses Universitaires de France, Paris, 1944, p.74,

(3) - Cfr.Gierke, "Il Diritto comune germanico", t.2 : "Storia dell'idea della corporazione germanica", in Tönnies F., "Communauté et société", (1887), Presses Universitaires de France, Paris, 1944, pp.74-76

(4) - Sahlins M., "Stone Age Economics" (1972), trad.fr. Gallimard, Paris, 1976, p.241

(5) - Richards A.I., "Land, Labour and Diet in Northern Rhodesia" (1939), Oxford University Press, London, 1961, p.148-150

(6) - Bartram W., "The Travels of William Bartram", Francis Harper, New Haven, Conn., 1958, p.326

(7) - Malinowski B., "Coral Gardens and Their Magic" (1935), Maspero, Paris, 1974, pp.232-233

(8) - Lowie R., "Property Rights and Coercive Powers of Pains Indian Military Societies", Journal of Legal and Political Sociology, (3), pp.59-71, 1943

(9) - Cfr. Mauss M., "Essai sur le don", in "Sociologie et Anthropologie" (1924), Presses Universitaires de France, Paris, 1950

(10) - Cfr.Huxley F., "Aimables sauvages", Plon, Paris, 1973

(11) - Clastres P., "La société contre l'Etat", Ed.Minuit, Paris, 1974, p.34

(12) - "Les discours d'Andrianampoinimerina" (T.A. IV, p.362), ripresi da Raison-Jourde F., "Le travail et l'échange dans les discours d'Andrianampoinimerina (Madagascar - XVIII siècle), in Cartier M., "Le travail et ses représentations", Editions des Archives Contemporaines, Paris, 1984, p.236

(13) - "Les discours d'Andrianampoinimerina" (T.A. IV, p.404), ripresi da Raison F., ibid., p.232

(14) - Consistenti soprattutto nella pratica generalizzata del "Valin-tanana" (aiuto reciproco tra vicini),costume che sembra ancora sopravvivere nelle campagne degli altipiani del Madagascar.

(15) - "Les discours d'Andrianampoinimerina" (T.A. IV, p.497), ripresi da Raison F., ibid., p.233

(16) - "Les discours d'Andrianampoinimerina", ibidem

(17) - "Les discours d'Andrianampoinimerina" (T.A. IV, p.406), ripresi da Raison F., ibid., p.240

(18) - Panoff M. e Perrin M., "Dictionnaire de l'ethnologie", Payot, Paris, p.154

(19) - "... M.Malinowski ne donne pas la traduction du mot, qui veut sans doute dire cercle. ... " "Mauss M., "Essai sur le don", in "Sociologie et Anthropologie" (1924), Presses Universitaires de France, Ç Paris, 1950, p.176

(20) - Laplantine F., "Les 50 mots-clés de l'anthropologie", Privat,
       Toulouse, 1974, p.116
(21) - Cfr.Malinowski B., "Argonauts of the Western Pacific"(1922), trad.fr.
       Ed.Gallimard, Paris, 1963
(22) - Mauss M., "Essai sur le don", in "Sociologie et Anthropologie"
       (1924), Presses Universitaires de France, Paris, 1950, p.180
(23) - Mauss, ibid., p.185
(24) - Mauss M., "Essai sur le don", in "Sociologie et Anthropologie"
       (1924), Presses Universitaires de France, Paris, 1950, p.189

Capitolo 8

(1) - Sahlins M., "Stone Age Economics" (1972), trad.fr. Gallimard,
      Paris, 1976, p.261
(2) - Jochelson W., "The Yukaghir and the Yukaghirzed Tungus",
      American Museum of Natural History Memoirs, 13, pp.1-469,
      1926, p.43
(3) - Evans-Pritchard E.E., "The Nuer" (1940), trad.fr. Gallimard,
      Paris, 1968, p.85
(4) - Thomas E.M., "The Harmless People" (1959), trad.fr. Gallimard,
      Paris, 1969, p.22
(5) - Richards A.I., "Land, Labour and Diet in Northern Rhodesia" (1939),
      Oxford University Press, London, 1961 p.200
(6) - Reay M., "The Kuma", Carlton, Melbourne University Press, 1959,
      pp.90-91
(7) - Spencer R.F., "The North Alaskan Eskimo: A Study in Ecology
      and Society", (Bulletin 171), Washington, D.C., U.S. Government
      Printing Office, 1959, pp.204-205
(8) - Sahlins M., "Stone Age Economics" (1972), trad.fr. Gallimard,
      Paris, 1976, p.278
(9) - Chrétien J.P., "Agronomie, consommation et travail dans
      l'agriculture du Burundi du XVIII.e au XX.e siècle", in Cartier M.,
      "Le travail et ses représentations", Editions des Archives
      Contemporaines, Paris, 1984, p.162
(10) - Cfr.G.Berthoud, F.Sabelli, "L'ambivalence de la production.
       Logiques communautaires et logique capitaliste", Cahiers de l'Institut
       d'études du développement, Gèneve, Paris, 1976
(11) - Il tempo di lavoro, che in precedenza si concentrava solo nella
       mattina, sotto il dominio coloniale si eleverà a sette ore diarie.
       (n.d.r.) Cfr.Chrétien J.P., ibid., p.170-172
(12) - Arch. Pères Blancs, Roma, Diaire de la mission de Rugari,
        17 mai 1932; citato in J.P.Chrétien, ibid., p.174
(13) - Thomas E.M., "The Harmless People" (1959), trad.fr. Gallimard,
       Paris, 1969, p.183

(14) - Marshall L., "Sharing, Talking, and Giving: Relief of Social Tensions Among Kung Bushmen", Africa, 31, pp.231-249, 1961, p.244
(15) - Spencer R.F., "The North Alaskan Eskimo: A Study in Ecology and Society", (Bulletin 171), Washington, D.C., U.S. Government Printing Office, 1959, p.153
(16) - Spencer R.F., ibid., pp.361-362

Capitolo 9

(1) - "... Sembra che almeno una parte dell'eredità genetica del comportamento abbia un supporto biologico in determinati proto circuiti situati nelle regioni primitive. Infatti, in generale, ogni esperienza, ogni percezione lascia un'impronta mnesica, cioè un nuovo circuito formato da costellazioni funzionali, principalmente al livello del cortex. (...) Secondo Changeux, mediante l'apprendimento sono selezionati tali o tal altri circuiti tra gli esistenti. Se un neurone ha stabilito per prolungamento dendritico una serie di contatti labili con vari gruppi prossimi, nel momento che un'interazione con l'intorno mette in funzione preferibilmente la connessione C, piú che la A o la B, il circuito C si stabilizzerà, mentre gli altri degenereranno...."   (Lara B., "La decisión, un problema contemporáneo", Espasa Calpe, Madrid, 1991, pp.104-105)
(2) - Cfr. Tönnies F., "Communauté et société", (1887), Presses Universitaires de France, Paris, 1944
(3) - Cfr. Kardiner A., Linton, "The individual and his Society" (1939), trad.fr. "L'individu dans la société", Paris, Gallimard, 1969
(4) - Infatti, ogni esperienza e ogni percezione anteriore avrà lasciato, al livello della corteccia cerebrale, delle impronte "mnesiche", che daranno origine a sempre nuovi circuiti formati da inedite costellazioni funzionali.(n.d.r.) - Cfr.Lara B., "La decisión, un problema contemporáneo", Espasa-Calpe, Madrid, 1991
(5) - Cfr.Lévi-Strauss C., "Anthropologie structurale", Plon, Paris, 1958
(6) - Cfr.Lacan J., "Ecrits, 2 vol., Seuil, Paris, 1966
(7) - Cfr.Lévi-Strauss C., op.cit., 1958
(8) - Cfr.Malinowski B., "A Scientific Theory of Culture and other Essays" (1944), trad.fr. "Une théorie scientifique de la culture" Payot, Paris, 1969
(9) - Cfr. Firth R., "Elements of Social Organization, Watts, Londres, 1951
(10) - Cfr.Keim A., "Helvétius, sa vie et son oeuvre", Alcan, Paris, 1907
(11) - Montaigne (de) M., "Essais" (1580), trad.it."Saggi", Mondadori, Milano, 1970, p.140
(12) - "... Usus efficacissimus rerum omnium magister. ..." - ("L'abitudine è potentissima signora di tutte le cose") Plinio, "Naturalis Historia", XXVI, II
(13) - Montaigne (de) M., "Essais" (1580), trad.it."Saggi", Mondadori, Milano, 1970, p.145

(14) - Montaigne (de) M., op.cit., p.150)

(15) - Macchiavelli, "I discorsi" (1512), ed.Cremonese-Roma, Firenze, 1955, Libro III, Capitolo XXII (XLIII), p.372

(16) - Vico G., "Principi di una nuova Scienza relativa alla comune natura delle nazioni" (1725) - trad.fr.in "Oeuvres choisies", P.U.F. , Paris, 1946, p.179

(17) - Montesquieu, "Esprit des Lois"(1748), Préface, "Oeuvres", Bibliothèque de la Pléiade, Paris, t.II, p.229

(18) - Montesquieu, op.cit., livre I, ch.1, p.232

(19) - Cfr.Hegel, "Principes de la Philosophie du droit" (1821), traduction Kaan, 1940

(20) - Cfr.Tylor E.B., "Primitive culture", J.Murray, London, 1871 (3), Cfr. Kardiner A., Linton, "The individual and his Society" (1939), trad.fr. "L'individu dans la société", Paris, Gallimard, 1969

(21) - Cfr. Linton R., "The Cultural Background of Personality" (1945), trad.fr. "Le fondement culturel de la personalité", Dunod, Paris, 1968

(22) - Cfr. Herskovits J., "Man and his Works", New York, 1938

(23) - Cfr. Balandier G."Sociologie actuelle de l'Afrique Noire", Paris, 1955

(24) - Cfr.Sapir E., "Linguistique" (1949), Minuit, Paris, 1968

(25) - Cfr.Whorf B.L., "Linguistique et anthropologie" (1956), Donoël/Gonthier, Paris, 1969

(26) - Cfr.Goody J., "La raison graphique. La domestication de la pensée sauvage" (1977), Minuit, Paris, 1979

(27) - Cfr. Benedict R., "Patterns of Culture" (1934), trad.fr."Echantillons de civilisation", Gallimard, Paris, 1967

(28) - Lévi-Strauss C., "Anthropologie structurale", Plon, Paris, 1958, p.28

(29) - Marx K., "L'ideologia tedesca", trad.it. di G.Pischel, Ed. Riuniti, Milano, 1947, p.81

(30) - Cfr.Gramsci A., "Lettere dal carcere", Einaudi, Torino, 1965

(31) - Cfr. Lukács G.,"La conscience de classe" (1922), Ed.Minuit, Paris, 1969

(32) - Cfr.Gramsci A., op.cit.

(33) - Gruère J.P., Jabes J., "Traité des organisations", P.U.F., Paris, 1982, P.13

(34) - Cfr.Secord P.F., Backman C.W., "Social Psychology", McGraw-Hill, New York, 1974

(35) - Malinowski B., "A Scientific Theory of Culture and other Essays" (1944), trad.fr. Payot, Paris, 1969 (36) - Cfr. Sainsaulieu R., "Sociologie de l'organisation de l'entreprise", Paris, p.103

(37) - Cfr.Parsons T., "The system of modern societies", Prentice Hall Inc., New Jersey, 1971

(38) - Boutat A., "Les transferts internationaux de technologie comme instrument de developpement industriel", Meta-Editions, Lausanne, 1989, p.291

(39) - Cfr.Kroeber A.L., "The Nature of Culture", Chicago University Press, Chicago, 1952

Capitolo 10

(1) - Cfr.Lara B., "Negociar y gestionar conflictos", Hércules
Hispano – Seguros Argentaria, Madrid, 1992
(2) - Cfr.Lara B., op.cit., 1992
(3) - Godelier M., "L'idéel et le matériel", Fayard, Paris, 1984, p.201
(4) - Cfr. Forde C.D., "Habitat, Economy and Society", Methuen, Londres,
1934
(5) - Cfr.P.Bourdieu, "La distinction. Critique sociale du jugement",
Ed.Minuit, Paris, 1979
(6) - Parsons T., "The system of modern societies", Prentice Hall Inc.,
New Jersey, 1971, p.15,
(7) - Cfr.Smith A., "Recherches sur la nature et les causes de
la richesse des nations (1776), A.Costes, Paris, 1950
(8) - Cfr.Ricardo D., "Principles of Political Economy and Taxation"
(1817), trad.it. "Sui principi dell'economia politica e della tassazione",
Mondadori, Milano, 1979
(9) - Cfr.Stuart Mill J., "Principles of Political Economy" (1848)
(10) - Cfr.Marx K., "Contribution à la critique de l'économie politique"
(1859), Ed.Sociales, Paris, 1977
(11) - Cfr.Marx K., "Le capital" (1867), Ed.Sociales, Paris, 1977
(12) - Cfr.Quesnay F., "Tableau économique", Paris, 1758
(13) - "... L'activité économique est généralement définie comme
l'ensemble des actions et des pensées de l'homme destinées
à combattre la rareté. ...", (Latouche S., "Epistémologie et
économie", Ed.Anthropos, Paris, 1973, p.71)
(14) - "... L'économie politique est la science qui étudie le comportement
humain en tant que relation entre les fins et les moyens rares à
usages alternatifs. ...", Robbins L., "The Subject Matter of
Economics, an Essay on the Nature and Significance of Economic
Science" (1932), trad.fr. Lib.Médicis, 1947, p.30)
(15) - Cfr.Leach E.R., "The Political Systems of Highland Burma" (1954),
trad.fr. Maspero, Paris, 1972
(16) - Cfr.Arrow K.J.,"Social Choice and Individual Values" in Cowles
Commission .N°12, New York, 1951
(17) - Cfr.Arrow K.J., op.cit., 1951
(18) - "... Per "fatto sociale totale" si intende un tipo di fenomeno che
sia allo stesso tempo l'espressione e la sintesi de l'insieme
della vita sociale di una data società. Lo studio di determinate
configurazioni privilegiate e strategiche permetterebbe di
comprendere il senso reale delle relazioni sociali ..."
(J.Copans, "Critiques et politiques
de l'anthropologie", Maspero, Paris, 1974, p.40), [ns.trad.it.]
(19) - Cfr. Mauss M., "Sociologie et anthropologie" (1924), Presses
Universitaires de France, Paris, 1950

(20) - Malinowski B., "Les Argonautes du pacifique occidental" (1922), Gallimard, Paris, 1963

(21) - Malinowski B., "Les jardins de corail" (1935), Maspero, Paris, 1974

(22) - Watts Alan W., "The way of Zen" (1957), trad.it. Feltrinelli, Milano, 1971, p.88

(23) - Watts Alan W., ibidem, p.89

Capitolo 11

(1) - Tali scale definiscono in termini negativi lo spazio all'interno del quale il fenomeno umano può essere osservato (n.d.r.).

(2) - Illich I., "La convivialité", Éd.Seuil, Paris, 1973, p.117

(3) - Illich I., "La convivialité", Éd.Seuil, Paris, 1973, p.117

(4) - Cfr.Parsons T., "The system of modern societies", Prentice Hall Inc., New Jersey, 1971

(5) - Cfr. Heidegger M., "Sein und zeit", Max Niemeyer, 1927

(6) – Cfr. Watts Alan W., "The way of Zen" (1957), trad.it. Feltrinelli, Milano, 1971

(7) - Léon Walras, Éléments d'économie politique pure, ou théorie de la richesse sociale Lausanne, 1874

(8) - Cfr.Polanyi K., Arensberg C. and Pearson H., "Trade and Market in the Early Empires" (1957), trad.fr. "Les systèmes économiques dans l'histoire et dans la théorie", Larousse, Paris, 1975

(9) - Polanyi K., "The Great Transformation" (1944), trad.fr.Gallimard, Paris, 1983 , p.90

(10) - Thurnwald R., "Economics in Primitive Communities" (1932), trad.fr. Payot, Paris, 1937, p.20

(11) - Malinowski, Argonauts of the Western Pacific, 1930; trad.fr. Gallimard, Paris, 1963, p.117

(12) - Malinowski, ibid., p.217

(13) - Lowie R., "Social Organization", Rinehart, New York, 1948, p.14

(14) - Cfr.Sahlins M, "Age de pierre, âge d'abondance", Gallimard, Paris, 1976

(15) - Polanyi K., Arensberg, "Les systèmes économiques dans l'histoire et dans la théorie" (1957), Larousse, Paris, 1975, p.242

(16) - Cfr.Baudrillard J., "Pour une critique de l'économie politique du signe", Gallimard, Paris, 1972

(17) - Cfr.Guillaume M., "Le capital et son double", Presses Universitaires de France, Paris, 1975

(18) - Cfr.Attali J. e Guillaume M., "L'anti-économique", Presses Universitaires de France, Paris, 1974

(19) - Cfr.J.Baudrillard, "Pour une critique de l'économie politique du signe", Gallimard, Paris, 1972

(20) - Cfr.Jung C.G., Kereny K., "Einführung in das Wesen der Mythologie", Amsterdam-Leipzig, 1941

(21) - Cfr.Bastide R., "La mythologie", in Poirier J. "Ethnologie générale", Encyclopédie de la Pléiade, Ed.Gallimard, Paris, 1968

(22) - Lara B., "La decisión, un problema contemporáneo", Espasa-Calpe, Madrid, 1991, p.67

(23) - Dupont C., "La négociation: conduite, théorie, applications", Dalloz Gestion, Paris, 1986, p.282

(24) - Meillassoux C., "Essai d'interpretation du phénomène économique dans les sociétés traditionnelles d'auto-subsistence", in "Cahiers d'Etudes Africaines" n°4 1960, pp.38-67

(25) - Balandier G., "Sociologie actuelle de l'Afrique Noire" Paris, 1955; Southall A.W., "Social Change in Modern Africa", London, 1961

(26) - Cfr.Herskovits M.J., "Economic Anthropology", New York, 1952

(27) - Cfr.Linton R., "The Cultural Background of Personality", New York, 1945

(28) - Kilani M., "Introduction à l'anthropologie", Editions Payot, Lausanne, 1989, p.320

(29) - Kilani M., ibid., p.321

(30) - Kilani M., ibid., pp.321-322

(31) - Cfr.Mauss M., "Sociologie et anthropologie" (1924), Presses Universitaires de France, Paris, 1950

(32) - Mauss M., ibid., p.251

(33) - Mauss M., ibid., pp.252-253

(34) - Mauss M., ibid., p.259

(35) - Mauss M., ibid., p.259

(36) - Per comunità si intendono quei sistemi locali o settoriali d'interazione informale o fondati sull'abitudine. Questi sistemi hanno come base comportamentale un codice implicito che si è sviluppato gradualmente in seguito alla socializzazione di specifiche regole di gioco economico-mercantili. (n.d.r.)

(37) - Cfr.Bouchrara M., "Industrialisation rampante et innovation clandestine en Tunisie", Cahiers IREP, D.n°9, 1985

(38) - Cfr.Courlet C., "Continuité et reproductibilité des systèmes productifs territoriaux italiens", La Revue Internationale PME, vol.2 n°2-3, De Boeck Université, Bruxelles, 1989

(39) - I.R.P.E.T, "Lo sviluppo economico della Toscana: un'ipotesi di lavoro", in "Il Ponte" n.11, 1969, pp.1414-1415

(40) - Bagnasco A., "La costruzione sociale del mercato", Il Mulino, Bologna, 1988, p.52

Capitolo 12

(1) - Cfr. Il gioco d'azzardo nel mondo, OrticaLab, ottobre 2022

(2) - Cfr. Unwto, agenzia del turismo delle Nazioni Unite, 2023

(3) - Cfr. El coste ambiental de la aviación, National Geographic España, 22/12/2022

(4) - Cfr. Chen, K., Wang, M., Huang, C., Kinney, P. L., & Anastas, P. T. Air pollution reduction and mortality benefit during the COVID-19 outbreak in China. The Lancet Planetary Health, 2020

(5) - Cfr. Erick A. Zúñiga-Estrada, Leodan T. Rodríguez-Ortega, Alejandro Rodríguez-Ortega, Marcelino A. Zúñiga-Estrada, Positive and negative effects of SARS-CoV-2 on the environment, Boletín Científico de la Escuela Preparatoria No. 6, Publicación semestral, Vol. 1, No. 1(2023) 1-5, XAHNI (Universidad Autónoma del Estado de Hidalgo)

(6) - Non solo le imprese multinazionali dispongono della personalità giuridica ma, anche, enti pubblici e privati, oltre ai vari tipi di società di capitali come S.p.A., S.r.l., etc. (n.d.r.)

(7) - G. Le Bras, Institutions ecclésiastiques de la Chrétienté médiévale, in Histoire de l'Eglise depuis les origines jusqu'a nos jours, 12, Tournai, 1959, p. 282.

(8) - Cfr. Fabio Balsamo, La personalità giuridica degli enti ecclesiastici tra forma e sostanza, Tesi di dottorato in ordine internazionale e tutela dei diritti individuali, Università degli Studi di Napoli Federico II, 2013

(9) - Cfr. A. Vermeersch, De personae moralis origine seu constitutione, in Ius Pontificium, X, 1930

(10) - Ciò che è più importante (n.d.r.)

(11) - Lara B., "La decisión, un problema contemporáneo", Espasa-Calpe, Madrid, 1991

(12) - Sezione 11.4, Miti, storia e persistenze culturali e Sezione 11.5, Realtà sociali e contesti produttivi

(13) - Cfr.Jung C.G., Kereny K., "Einführung in das Wesen der Mythologie", Amsterdam-Leipzig, 1941

(14) - Cfr.Bastide R., "La mythologie", in Poirier J. "Ethnologie générale", Encyclopédie de la Pléiade, Ed.Gallimard, Paris, 1968

(15) - Cacciola Donati A., I mercati conviviali, ovverosia il ruolo della cultura all'interno della struttura e della realtà economico-sociale. Université Fribourg, Svizzera,1995

(16) - Morin E., "Introduction à la pensée complexe", ESF éditeur, Paris, 1990, p.102

(17) - Cfr.Baroja J.C., "Introducción a la historia social y economica del pueblo vasco", Editorial Txertoa, S.Sebastian, 1974

(18) - Cfr.Barandiaran (De) J.M., "Obras Completas", Editorial La Gran Enciclopedia Vasca, Bilbao, 1973

(19) - Barandiaran (De) J.M., "Matériaux pour une étude du peuple basque a Uhart-Mixe", in "Ikuska 2°", "Monografias de la vida popular", p.151, "Obras Completas", Editorial La Gran Enciclopedia Vasca, Bilbao, 1974

(20) - Cfr.Barandiaran (De) J.M., "Obras Completas", Editorial La Gran Enciclopedia Vasca, Bilbao, 1973; Baroja J.C., "Introducción a la historia social y economica del pueblo vasco", Editorial Txertoa, S.Sebastian, 1974; Nonchè l'esperienza di diversi anni di presenza ed osservazione in loco. *(n.d.r.)*

(21) - Vedere in merito i casi presentati nei capitoli precedenti (n.d.r.)

(22) - Barandiaran (De) J.M., "Aspectos de la transición contemporánea de la cultura en San Gregorio de Atáun", in "Obras completas", Ikuska 4°, Articulos y comunicaciones a congresos científicos", p.423, "Obras Completas", Editorial La Gran Enciclopedia Vasca, Bilbao, 1972

(23) - Cacciola Donati A., I mercati conviviali, ovverosia il ruolo della cultura all'interno della struttura e della realtà economico-sociale. Université Fribourg, Svizzera,1995

Conclusioni

(1) - Heidegger M., "Sein und zeit" (1927), trad.fr. "L'Etre et le Temps", Gallimard, Paris, 1986

(2) - Lévi-Strauss C., "Anthropologie structurale", Plon, Paris, 1958, p.28

(3) - John Dewey, "A Recovery of Philosophy", in "Creative Intelligence, Essays in the Pragmatic Attitude", New York, 1917, p.68-69

(4) - Cfr.Habermas J., "Teoria dell'agire comunicativo", Il Mulino, Bologna, 1986

(5) - "... La complexité n'est pas un fondement, c'est le principe régulateur qui ne perd pas de vue la realité du tissu phénoménal dans lequel nous sommes et qui constitue notre monde. ..." (Morin E., "Introduction à la pensée complexe", ESF éditeur, Paris, 1990, p.138)

(6) - Kolm S.C., "La bonne économie, la Réciprocité générale", Presses Universitaires de France, Paris, 1984, p.254

Tavola delle immagini